Evelio Guevara Pérez

Kubanische Küche

Cocina Cubana

ISBN: 959-209-751-3

Ediciones UNIÓN
Edición: Olga Marta Pérez
Calle 17 no. 354 e/G y H, Vedado,
La Habana, Cuba
E-mail: editora@uneac.co.cu

Traducción:
Dr. Cruz-Münch Änne und Thomas Leinhos
Foto: Evelio Guevara Pérez

Diseño de cubierta y el interior del libro:
Manfred Ulrich, Ingo G. Goessgen
ELCH Graphics GmbH & Co KG, Berlin

Impresso en Berlin, Alemania

Distribución: Cuban Artists Agency
www.cuban-artists.de
Tel:. +49 30 80205422,
e-mail: cuban-artists@alice-dsl.de

A mis padres, Noris Pérez Perdomo y Evelio Guevara Tamayo. A mis queridos hermanos y mis dos hijos, Tobías y Evelio. En honor a mi abuela Francisca Perdomo Sala, que siempre cocinó tan sabroso...

Evelio Guevara Pérez

Ich widme dieses Buch meinen Eltern Noris Pérez Perdomo und Evelio Guevara Tamayo, meinen lieben Geschwistern und meinen beiden Söhnen Tobias und Evelio zu Ehren meiner Großmutter Francisca Perdomo Sala, die immer so köstlich gekocht hat.

Evelio Guevara Pérez

Ein appetitliches Vorwort

Mit dieser Rezeptsammlung versuchen wir, eine Vorstellung vom Reichtum der kubanischen Kochkunst zu vermitteln. Viele Schöpfungen dieser Kunst scheinen heute auf der größten Insel der Antillen im Alltagsleben vergessen zu sein. Man wird mir entgegnen: Welcher Wahnsinn! Wo bekommt man alle die Lebensmittel und Produkte, die in diesem Buch auftauchen, da sie fast alle verlorengegangen sind? Einen Moment bitte, das ist durchaus nicht so! Alle Zutaten für die Zubereitung der Gerichte in diesem Buch stehen sehr wohl auf unserer tropischen Insel zur Verfügung.

Im Verlaufe der letzten 15 Jahre, bin ich durch das Land gereist und erlernte und erprobte viele der überlieferten Rezepte, die ich dann zusammengestellt habe nach langen Unterhaltungen mit Spezialistinnen und Spezialisten der Kochkunst und vielen Menschen aus dem Volke, dessen Erfindungsgabe während der harten Zeit der Spezialperiode auf die Probe gestellt worden war. Hier darf ich den großen Einfluß nicht unerwähnt lassen, den meine Eltern Noris und Evelio sowie vor allen anderen auch meine Großmutter Francisca Perdomo Sala dabei auf mich ausübten.

Damals konnte ich feststellen, dass es weder zu hohen Zeitaufwandes noch übermäßiger finanzieller Anstrengungen bedurfte, um sich an der Vielfalt des Angebotes an Knollenfrüchten, Gemüse und Obst zu bedienen, welche die Natur auf den fruchtbaren Böden unseres Landes gedeihen lässt. Und dies, ohne von den Fischen und Meeresfrüchten der unser Land umgebenden karibischen Gewässer auch nur zu reden. Es genügt, etwas eifriger und einfallsreicher zu sein, um die Eintönigkeit auf unseren Tischen zu durchbrechen und für eine abwechslungsreichere Ernährung unserer Familien zu sorgen.

Aber es besteht außerdem die Notwendigkeit, besagte Tradition wieder aufzugreifen, denn wer Kuba besucht und von der sogenannten traditionelle Küche in Hotels und Restaurants kostet, wird mit der irrigen Vorstellung wieder abreisen, dass die Kochkunst unseres Volkes nicht sehr abwechslungsreich sei. Aus dem Wunsch, diese Legende auszuräumen, ist das vorliegende Buch entstanden, als Träger des von unseren Vorfahren ererbten kulinarischen Reichtums, von Schätzen, die dringend gehoben werden müssen.

Gegenwärtig gibt es in Europa nur wenige Menschen, welche die uns überlieferten authentischen und traditionellen kubanischen Speisen kennengelernt und genossen haben. Von jenem kulturellen Gemisch, aus dem sich unsere kubanische Nationalität geformt hat, nährte sich auch unsere Kochkunst: eine Mischung eingeborener, spanischer und afrikanischer Gewohnheiten, später beeinflusst durch die asiatische Immigration und den Geschmack von Einwanderern aus Frankreich, Italien und den germanischen Ländern.

In unserer HISTORISCHEN KUBANISCHEN KÜCHE werden die Rezepte in deutscher und in spanischer Sprache beschrieben, mitunter begleitet von Photographien, die bei ihrer Ausführung hilfreich sein können.

Das Buch ist gedacht und gestaltet sowohl für Liebhaber und Freunde der kubanischen Küche als auch für Gastronomen in Hotelrestaurants und Gaststätten, die stolz sind auf ihr Angebot an lateinamerikanischen und internationalen Gerichten. Zweifelsohne wird es sehr nützlich sein für jeden, der - unabhängig davon, in welcher Weltgegend er zu Haus sein mag - die lukullischen Qualitäten unserer Küche zu schätzen weiß. Und ich hoffe, dass es auch als Anregung dienen möge, damit die kubanischen Familien ihren kulinarischen Reichtum besser nutzen.
Wie das Sprichwort zu Recht sagt, „geht die Liebe durch den Magen", und man sollte hinzufügen „und die Gesundheit auch". Die nahrhafte Grundlage der kubanischen Küche enthält alle Lebensmittel, derer ein gesunder und kräftiger Körper bedarf. Außerdem dient die Zubereitung der hier vorgestellten Gerichte als Anti-Stress-Therapie und ermöglicht eine Annäherung an unsere Traditionen. Die kubanische Küche speist sich aus den edelsten Gaben der Natur, wurzelt tief in unsererm Volk und weist eine Mannigfaltigkeit der Stile auf. Sie ist ein Spektrum exotischer Düfte und Aromen, eine weite Vielfalt wohlschmeckender Beiträge zum Wohlbefinden, aus gebreitet auf dem häuslichen Esstisch.

All dieser Reichtüm wird nun mit dem Buch KUBANISCHE KÜCHE nach ganz Europa reisen, um dort - zuerst auf Spanisch und Deutsch, später auch in anderen Sprachen - mit den Rezepten, welche die Seele der kubanischen Kochkunst darstellen, die Befriedigung eines der angenehmsten Bedürfnisse des Menschen, seine Ernnährung und Speisung, genießen zu können.

(Die Mengenangaben bei allen Rezepten sind gedacht für drei bis vier Personen)

Dieses Kochbuch versteht sich als Verbindung zwischen der spanischen und deutschen Sprache. Wir haben alle Mengen- und Rezeptangaben ausformuliert, um den Lesern nicht nur das Kochen sondern auch die jeweils andere Sprache zu vermitteln.

Alles begann

Im Jahre 1492, als Christoph Kolumbus auf seiner Ersten Reise die Insel Kuba entdeckte, die er „Juana“ nannte. Die Landschaft beeindruckte den Großadmiral so sehr, dass er begeistert ausrief: „Nie habe ich etwas so Wunderschönes gesehen ... sie weist eine solche Schönheit auf, die jegliche andere übertrifft an Wundern und Zauber, so wie der Tag die Nacht wegen seines Lichtes und Glanzes. Mein Eindruck von soviel Anmut ist solcherart, dass ich keine Worte finde, um sie zu beschreiben.“ Kolumbus irrte nicht, als er diese wunderbaren Worte in sein Schiffstagebuch an Bord der „Santa Maria“ niederschrieb, die am 27. und 28. Oktober 1492 vor der Küste der Insel Kuba ankerte. Seit damals ist Kuba ein Synonym geworden für ein angenehmes Klima, schöne Palmenstrände, farbige Menschen voller Lebhaftigkeit, und Sympathie und ansteckende musikalischen Rhythmen, schmackhafte tropische Früchte, und kulinarische Köstlichkeiten.

Die Kolonisierung Kubas begann 1511. Spanien hatte Diego Velazquez zum Gouverneur der Insel ernannt, den Gründer der Ortschaften Baracoa und Santiago de Cuba. Dieser befahl die Ausbeutung der Nahrungsmittel und der anderen von den Konquistadoren begehrten Reichtümer. Im darauffolgenden Jahr nahm der Austausch ebenso auf kulinarischem Gebiet wie auch der historischen, sozialen, politischen und religiöse Werte seinen Anfang. Aber die Neuankömmlinge setzten auch einen Prozess der Auslöschung der gastfreundlichen Ureinwohner in Gang, die in diesen herrlichen Gefilden lebten.

In weniger als fünf Jahren wurde die friedliche eingeborene Bevölkerung systematisch abgeschlachtet, auf einige hundert Personen dezimiert. So versch wand ein Volk, das alle Möglichkeiten zu nutzen wusste, die ihm seine natürliche Umwelt, bot und das den ersten Kolonisatoren seine besten Nahrungsmittel angeboten hatte, wie zum Beispiel den Kassabe, der im Osten Kubas heute noch gern verzehrt wird. Die Chronisten jener Zeit gaben Zeugnis von der Vorliebe der Eingeborenen für die Yukka (oder Maniokwurzel), die meistverzehrte pflanzliche Kost, neben anderen Wurzelgemüsen und der Paprika. Sie aßen auch Früchte wie Anón (auch Chirimoya genannt), Ananas und Mamey sowie das Fleisch der Jutía (einer Art Bisamratte), von Riesenschlangen, Leguanen, Seekühen, Enten, Wildschweinen und anderen Tieren.

Nachdem die eingeborenen Völker ausgerottet waren, suchten die Kolonisatoren andere Arbeitskräfte zu versklaven, und auf dem Wege des abscheulichen Handels mit schwarzen Sklaven kamen die ersten Afrikaner auf die Insel. Vom schwarzen Kontinent brachten sie ihre

Speisen und Getränke mit, die sich sogleich verbreiteten, obwohl mit der Zeit viele davon wieder verschwunden sind. Außerdem zeigt sich ihr Beitrag heute in den afrikanischen Namen, die auf Kuba immer noch für verschiedene Nahrungsmittel üblich sind; durch einige Gerichte, die nach Art dieser Völker gewürzt werden und durch bestimmte Geschmacksrichtungen sowie kulinarische Sitten und Gebräuche, die aus jenen fernen Gegenden auf die Insel kamen.

Diese Kultur, die mit Gewalt nach Kuba gebracht worden war, führte mit sich ihre Tänze, ihre Sprachen, ihre religiösen Überzeugungen und ihre bevorzugten Speisen; jedes davon in Abhängigkeit von ihrer Herkunft, ihrer Vermischung und ihren neuen Wohnorten. Diese historische Küche schlug auf der Insel Wurzeln und genießt gegenwärtig eine privilegierte Stellung im Geschmack des Volkes und wird von den Touristen bevorzugt.

Seit Kolumbus' Ankunft ist die Präsenz der Söhne und Töchter Spaniens auf Kuba immer beständig gewesen. Daher ist es wichtig, den Beitrag des Mutterlandes zur kubanischen kreolischen Küche hinsichtlich der in ihr verwendeten Lebensmittel und ihrer Zubereitungsweise zu berücksichtigen. Hier ragt heraus die Verwendung von Naturprodukten bei der Herstellung von Cremespeisen, Puddings, gemischten Reisgerichten und Eierspeisen neben anderen Gerichten. Diese hat mit großer Sachkenntnis der berühmte kubanische Anthropologe Fernando Ortiz in seinem Werk gesammelt. Ausgehend von der spanischen Überlieferung hat die kubanische Küche eine eigene Persönlichkeit herausgebildet, die sich auszeichnet durch den Einsatz von Paprika oder scharfen Würzen, die Verwendung von Bitterorangen zusammen mit Knoblauch, Lorbeer als herausragendes Würzmittel und viele andere Gerichte, in denen sich pflanzliche Bestandteile befinden, wie beispielsweise beim Süßen von Speisen mit Honig.

Eine weitere bedeutende ethnische Gruppe auf Kuba sind die Chinesen, die seit 1847 aus Kanton nach Kuba kamen. Eine zweite Einwanderungswelle kam später von den Vereinigten Staaten her, aus den Chinesenvierteln in den Städten Kaliforniens. Nach und nach passten die Chinesen ihre kulinarischen Gewohnheiten und Techniken an Kuba an, vermischten sie manchmal mit denen der Kreolen, und schufen so ohne Verlust ihrer Eigenständigkeit gewisse exotische Geschmacksrichtungen.

Im Allgemeinen wird die chinesische Küche ausschließlich mit dem gebratenen Reis und den auf chinesische Art gebackenen Bananenscheiben, den „mariposas“, sowie dem Chop Suey und Chown Mein in Verbindung gebracht. Diese Küche schuf gemeinsam mit der afrikanischen neue kulinarische Geschmacksanregungen, auf denen die heutige Popularität der historischen Küche in Kuba beruht.

Seit Beginn des 19. Jahrhunderts weiteten sich die Unstimmigkeiten zwischen den Spaniern und den Kreolen (im Lande geborenen Nachfahren der Kolonisatoren und der Einwanderer) aus, und die Kolonialverwaltung sah sich in ganz Spanisch-Amerika dem Streben nach Unabhängigkeit ausgesetzt.

1868 begann der erste der Unabhängigkeitskriege Kubas, und im Kampf vereinten sich die verschiedenen ethnischen Gruppen in ihrem gemeinsamen Streben nach Freiheit für die Landstriche, die sie bewohnten. Also vereinten sich Weiße, Schwarze, Chinesen und Mulatten angesichts derselben Notwendigkeit, für ihre Ernährung die Zutaten an Gemüse, Früchten und Fleisch zu nutzen, welche ihnen ihr Heimatland in die Hand gab, für das sie kämpften. Diese Art von Küche unter Kriegsbedingungen auf Bauernhöfen und mit gemeinsamen Mahlzeiten begünstigte die Vermischung von Geschmacksvarianten, Gewohnheiten, Hilfsmitteln und Zubereitungsweisen, und so entstanden etliche Gerichte mit neuem Geschmack und neuen Namen.

Es gibt die Tendenz, die kubanische Küche grundsätzlich nur auf die einfachen Ernährungsgewohnheiten in den Dörfern, den Haziendas und bäuerlichen Weilern, das heißt, auf die Küche des „tiefsten Landesinneren“ zu reduzieren, Genauso wie die bäuerliche Musik ist aber die ländliche Kochkunst einer der ursprünglichsten repräsentativen Kulturschätze Kubas, der weltweite Anerkennung genießt.

Kuba heute

Kuba ist eine sehr langgestreckte Insel von 1200 Kilometern Länge in Ost-West-Richtung, ohne dabei breiter zu sein als 191 Kilometer. Das Land ist im allgemeinen flach, hat jedoch einige Gebirgsregionen: Die Hügelkette von Guaniguanico im Westen, das Massiv des Escambray im Zentrum und insbesondere die Sierra Maestra im Südosten, gekrönt vom Pico Turquino, der mit 1972 m Höhe über den Tiefseegraben ragt, welcher unmittelbar von der Küste aus steil bis zu mehr als 7000 m Tiefe abfällt. Auf der Insel gibt es mehr als 200 Flüsse, die mit Ausnahme des Cauto selten länger sind als 40 km. Der kubanische Archipel hat zahllose Nebeninseln und Inselchen (cayos), die mit einer Gesamtfläche von etwa 3500 Quadratkilometern fünf große Inselgruppen bilden. Das Klima auf Kuba ist tropisch und feucht. Die mittleren Temperaturen im Juli, dem wärmsten und feuchtesten Monat, schwanken zwischen 18 und 32°C. Die Regenzeit dauert auf der gesamten Insel von Mai bis Oktober.

Die Einwohnerzahl Kubas beträgt ungefähr 12 Millionen, 60 Prozent davon spanischen Ursprungs, 22 Prozent Mestizen und 12 Prozent Schwarze, Nachkommen der afrikanischen Sklaven, die während der Kolonialzeit auf die Insel gebracht worden waren. Es gibt fast keine Nachkommen der Ureinwohner mehr, der Ciboneyes, Guanajatabeyes oder Tainos, welche die Insel bewohnten, bevor Kolumbus dort ankam. Kuba hat 14 Provinzen; dazu die Insel der Jugend als besonderen Kreis. Die Hauptstadt Havanna, wichtigster Seehafen des Landes, beherbergt eine Bevölkerung von 2,1 Millionen. Andere wichtige Städte sind Matanzas, Pinar del Río, Santa Clara, Cienfuegos, Camagüey, Holguín, Bayamo und Santiago de Cuba.
Wie überall auf der Welt haben die Berufsköchinnen und Köche in Kuba eine Auffassung von der Kochkunst, die über jene Kenntnisse hinausgeht, welche aus der Praxis an ihren Arbeitsplätzen stammen. Viele wenden Kniffe an, die sie zu Hause von demjenigen gelernt haben, der dort kocht, im allgemeinen eine Frau und meistens die Mutter. Somit bringen die Kubanerinnen und Kubaner, die sich der internationalen Küche widmen, neue Erfahrungen, Kriterien und Begriffe ein, indem sie bei ihren exotischen Rezepten ernährungswissenschaftliche Anregungen und Grundsätze der Lebensmittelhygiene aus der internationalen Spitzenküche berücksichtigen. Die kubanischen Küchenchefs ersetzen die traditionellen schweren Gerichte mit hohem Gehalt an Fetten, Zucker und Salz durch andere, deren gesundheitliche Verträglichkeit auf der Höhe der Anforderungen moderner Ernährung ist, wie es auch in unserem Buch klar zum Ausdruck kommt.

Die hier beschriebenen Rezepte entsprechen den Empfehlungen von Ärzten, Diät- und Ernährungsspezialisten für die bessere Gesundheit der Tischgenossen. In diesem Sinne liegt der größte Wert der KUBANISCHEN KÜCHE jedoch darin, dass sie den überlieferten Gerichten treu bleibt, den Farben, dem Geschmack und Duft, in ansprechender Form dargestellt, ohne kulturelle Werte einzubüßen und um für immer die Zukunft der unbestrittenen Qualität der kubanischen Kochkunst zu sichern.

Evelio Guevara Pérez

Palabras con buen sabor

Estas recetas le revelarán la riqueza del arte culinario cubano, cuyos tesoros parecen olvidados en el bregar cotidiano de la Mayor de las Antillas. Algunos dirán "Qué locura... ¿Dónde conseguir los productos que figuran en este libro, si casi todos están perdidos?" Los ingredientes necesarios para preparar estos platos sí están disponibles en nuestra isla.

Durante los últimos quince años, recorrí el país aprendiendo y cocinando muchas de las recetas tradicionales, recopiladas tras largas conversaciones con especialistas de la cocina cubana y en particular con el pueblo. Naturalmente, no puedo obviar la gran influencia que tuvieron mis padres Evelio y Noris, y sobre todo mi abuela Francisca Perdomo Sala.

Entonces comprobé que no tomaba mucho tiempo ni demasiado esfuerzo económico servirse de la riqueza en viandas, vegetales y frutas que la naturaleza ofrece en los fértiles suelos cubanos. Eso sin hablar de los pescados y mariscos que abundan en las caribeñas aguas que rodean al país. Solo basta ser más entusiastas e imaginativos para romper la monotonía en nuestras mesas y propiciarle una alimentación más variada a nuestras familias.

Recuperar las tradiciones culinarias constituye una necesidad, pues quienes visitan Cuba y degustan la llamada cocina tradicional en hoteles y restaurantes, se marchan con la impresión errónea de que nuestra cocina popular no es muy variada. Deseoso de acabar con tal mito nace este libro, portador de las riquezas culinarias heredadas de nuestros ancestros, riquezas que urge rescatar.

En Europa, actualmente, pocos conocen y han disfrutado el patrimonio de la auténtica y tradicional comida cubana. De la confluencia cultural que formó la nacionalidad cubana también bebió nuestro arte culinario: mezcla de costumbres aborígenes, españolas y africanas, influida luego por la inmigración asiática y los gustos de personas llegadas de Francia, Italia y los países germánicos.

Este libro ha sido pensado tanto para aficionados amantes de la cocina cubana como para gastrónomos de hoteles y de restaurantes que sirven orgullosamente comida latinoamericana e internacional. Sin duda será útil para quien aprecie, desde cualquier rincón del mundo, las cualidades alimenticias de nuestra cocina. Y espero sirva de estímulo para que la familia cubana aproveche mejor su tesoro culinario.

Como bien reza el refrán: “el amor entra por la cocina”, y valdría agregar: la salud también. De hecho, el componente nutritivo de la cocina cubana tiene todos los alimentos necesarios para un cuerpo sano y vigoroso. Además, la elaboración de los platos aquí presentados sirve de terapia antiestrés y posibilita un acercamiento a nuestras tradiciones. La cocina cubana, nutrida con los más nobles elementos de la naturaleza, goza de raigambre popular y caudal de estilos: es un arcoiris de fragancias y sabores exóticos desplegado en la mesa familiar.

Ahora, con Cocina cubana, tal riqueza viajará por Europa en alemán y español primero, y en otras lenguas después, para disfrutar una de las más placenteras necesidades del ser humano, su alimentación y nutrición, con las recetas que forman el alma de la cocina cubana.

Todo comenzó

En el año 1492, cuando Cristóbal Colón en su primer viaje descubrió la Isla de Cuba y la nombró Juana. Tanto impresionó el paisaje al Gran Almirante que este exclamó inspirado: "Nunca tan hermosa cosa he visto... Posee tal belleza que supera a cualquier otra en prodigios y encantos como el día a la noche por su luz y esplendor. Es tal mi arrobamiento ante tanta lindeza que no encuentro palabras para describirlas". Colón no se equivocó al escribir estas palabras en su diario, a bordo de la nave Santa María, anclada en las costas cubanas del 27 al 28 de octubre de 1492. Desde entonces, Cuba es sinónimo de buen clima, bellas playas con palmeras, gente de colores llena de vivacidad y simpatía, contagiosos ritmos musicales, sabrosos frutos tropicales y exquisiteces culinarias.

La colonización de Cuba comenzó en 1511. España nombró gobernador a Diego Velásquez, fundador de Baracoa y Santiago de Cuba, quien ordenó la explotación de los bienes alimenticios y demás riquezas buscadas por los conquistadores. Al año siguiente se iniciaron los intercambios, culinarios y de toda índole: histórica, social, política y religiosa. Pero los recién llegados empezaron también un proceso de aniquilación de los hospitalarios aborígenes que vivían en esas prodigiosas tierras.

En menos de cinco años, la pacífica población indígena fue masacrada sistemáticamente, reducida a un centenar de individuos. Desaparecía así un pueblo que sabía aprovechar todas las posibilidades de su entorno, que brindó a los primeros colonizadores sus mejores alimentos, como el casabe, aún comido en el oriente cubano. Los cronistas de la época dejaron constancia de la predilección aborigen por la yuca, su alimento más consumido, junto a otras raíces y ajíes. Comían frutas como el anón, la piña y el mamey, así como la carne de jutía, majá, manatí, pato, yaguasa, puerco jíbaro y otras.

Exterminada la etnia nativa, los colonizadores buscaron otra mano de obra esclava y mediante la infame trata negrera comenzaron a llegar africanos a la Isla. Con los esclavos viajaron sus comidas y bebidas. Además, su aporte se manifiesta hoy día por los nombres africanos que aún reciben en Cuba diversos productos de la alimentación y de uso culinario; por algunos platos condimentados al estilo de tales pueblos; y por ciertos gustos, prácticas y costumbres culinarias que desde sus lejanas regiones llegaron a la Isla.

Esta cultura llevada a la fuerza a Cuba trajo consigo sus bailes, lenguaje, creencias religiosas y su alimentación preferida: cada una se readecuó a las zonas de procedencia, cruzamiento y residencia. Esta cocina histórica se enraizó en la Isla y actualmente goza de un lugar privilegiado en el gusto popular y en la preferencia de los turistas.

Tras la llegada de Colón, la presencia de las hijas e hijos de España en Cuba ha sido constante, por ello resulta indispensable considerar el aporte de la Madre Patria en la cocina criolla cubana respecto a sus productos y modos de elaboración. Sobresale aquí el empleo de elementos naturales para la preparación de natillas, flanes, arroces compuestos y revoltillos mixtos, entre otros platos que profusamente reuniera en su obra el célebre antropólogo cubano Fernando Ortiz. A partir de la herencia española, la cocina cubana logró una personalidad propia, caracterizada por el empleo de la pimienta; el empleo de la naranja agria junto al ajo; el laurel como sazonador por excelencia, y muchos otros platos con fuerte presencia de elementos vegetales, como los platos endulzados con miel.

Otro grupo étnico importante en Cuba es el chino, que comenzó a llegar desde Cantón en 1847. Una segunda remesa humana llegó después desde las comunidades chinas radicadas en los barrios de California, Estados Unidos. Poco a poco los chinos adecuaron sus costumbres y técnicas culinarias, entremezcladas a veces con las criollas, y así lograron -sin perder su personalidad- ciertos sabores exóticos.

Por lo general, la comida china es asociada exclusivamente con el arroz frito, las mariposas chinas, el Chop Suey y el Chown Mein. Entre esta cocina y la africana crearon motivaciones al gusto culinario que sentaron las bases de la actual popularidad de la cocina histórica cubana.

Hacia inicios del siglo xix crecieron las diferencias entre españoles y criollos, y las autoridades coloniales se enfrentaron a las aspiraciones de independencia de toda la América hispana.

En 1868 comenzó la primera de las guerras por la independencia de Cuba, y en la lucha confluyeron los diversos grupos étnicos en su afán común de ver libre la tierra que los cobijaba. Así se juntaron blancos, negros, chinos y mulatos ante la misma necesidad de utilizar para su alimentación los elementos vegetales, frutales y cárnicos que la patria por la que luchaban les proporcionaba en la manigua. Este tipo de cocina en condiciones bélicas -con ranchos y comidas colectivas- propició la mezcla de gustos, costumbres, medios y formas de preparación, y así nacieron diversos platos con sabores y nombres nuevos.

Existe la tendencia de considerar comida cubana principalmente a las formas primitivas alimenticias de los campos, haciendas y reductos campesinos, es decir, la de "campo adentro". Al igual que la música campesina, el arte culinario rural es uno de los tesoros más genuinos y representativos de la cultura cubana, reconocida mundialmente.

Cuba ahora

Cuba es una isla peculiarmente alargada: tiene 1200 kilómetros de longitud, sin sobrepasar los 191 kilómetros de ancho. Generalmente llano, el país tiene varias regiones montañosas: la occidental Cordillera de Guaniguanico, el central macizo de Escambray y en especial la Sierra Maestra, al sudeste oriental, coronada por el Pico Turquino, cuyos de 1972 metros de altura dominan una fosa marina de unos siete kilómetros de profundidad. Los más de 200 ríos que fluyen por la Isla raramente exceden los 40 kilómetros de largo, salvo el gran Cauto. El archipiélago cubano cuenta con innumerables islas e islotes (cayos), repartidos en cinco grandes grupos en una plataforma de 3 500 kilómetros cuadrados. El clima de Cuba es tropical y húmedo, con temperaturas medias de entre 18 y 32°C en julio, mes cálido por excelencia. La estación de lluvias baña el territorio desde mayo a octubre.

La población cubana está estimada en 12 millones de habitantes: un 60 % de origen español, un 22 % mestizo y el 12 % negro, descendientes de los esclavos llevados durante la colonización. Casi no existen descendientes de los grupos aborígenes ciboneyes, guanajuatabeyes y tainos que habitaban la Isla antes de que llegara Colón. Cuba tiene 14 provincias y la municipalidad Isla de la Juventud. La Habana, capital y primer puerto del país, abriga a unos 2.078.000 habitantes. Las otras ciudades importantes son Matanzas, Pinar del Río, Santa Clara, Cienfuegos, Camagüey, Holguín, Bayamo y Santiago de Cuba.

Como ocurre en todo el mundo, en Cuba los profesionales del arte culinario tienen una concepción asociada a diversos factores del conocimiento más allá de la práctica que desarrollan en sus lugares de trabajo. Muchos incorporan trucos aprendidos de quien cocine en su hogar, por lo general mujeres y casi siempre la madre. Así, los cubanos dedicados a la cocina internacional aportan nuevas experiencias, elementos y conceptos gracias a sus exóticas recetas, teniendo en cuenta las motivaciones proteínicas y de protección a la salud de los alimentos, existentes en la alta cocina mundial. Los chefs cubanos sustituyen los tradicionales platos pesados, de alto contenido de grasa, azúcar y sal, por otros donde la salud está al nivel de los requerimientos de la alimentación moderna, como queda claramente consignado en este libro.

Las recetas aquí descritas responden a lo que médicos y especialistas en dietética y nutrición recomiendan para una mejor salud del comensal. Pero dentro de tales apreciaciones, el principal valor de Cocina cubana es que permanece fiel a su tradición de platos en cuanto a color, sabor, olor y gusto, presentados con hermosas formas sin perder sus valores culturales y trazando pautas para afianzar un futuro culinario que conserve por siempre la indiscutible calidad del arte culinario cubano.

Evelio Guevara Pérez

COCTEL DELANGOSTA

Ingredientes:

200 gramos de masa de langosta
4 cucharadas de salsa mayonesa
½ cucharadita de sal
¼ cucharadita de pimienta blanca
8 cucharadas de pasta de tomate
4 cucharadas de zumo de limón
2 mililitros de ron Havana Club
Una pizca de ají picante

Instrucciones:

Ponga a hervir la masa de langosta en medio litro de agua durante 15 minutos. Sáquela del agua y déjela enfriar. Mezcle la masa con todos los ingredientes y sírvalo en 4 copas decoradas con una rueda de limón y una ramita de culantro.

HUMMERCOCKTAIL

Zutaten:

200 Gramm Hummerfleisch (in Kuba: langosta)
4 Esslöffel Mayonnaise
¼ Teelöffel weißer Pfeffer
½ Teelöffel Salz
4 Esslöffel Zitronensaft
8 Esslöffel Tomatenmark
1 Prise scharfer Paprika
20 Milliliter Rum Havana Club 15 J.

Zubereitung:

Das Hummerfleisch in 0,5 Liter Wasser 15 Minuten lang kochen. Abkühlen lassen. Das Fleisch mit allen anderen Zutaten gut vermengen und in 4 Cocktailschalen anrichten. Mit Zitronenscheibe und je 1 frischen Korianderzweiglein garniert servieren.

COCTEL DE CAMARONES

Ingredientes:

200 gramos de camarones

8 cucharadas de pasta de tomate
2 cucharaditas de salsa mayonesa
2 cucharadas de limón
¼ cucharadita de sal
1 ramita de culantro picadita
20 mililitros de Havana Club
¼ cucharadita de ají picante
50 gramos de piña picadas en trocitos

Instrucciones:

Hierva los camarones en medio litro de agua durante 10 minutos. Déjelos enfriar. Pele los camarones. Mezcle la masa con todos los ingredientes y sírvalo en cuatro copas decoradas con una rueda de limón y una ramita de culantro.

KRABBENCOCKTAIL

Zutaten:

200 Gramm Garnelen
8 Esslöffel Tomatenmark
2 Teelöffel Mayonnaise
2 Esslöffel Zitronensaft
¼ Teelöffel Salz
Korianderzweig, feingehackt
20 Milliliter Rum Havana Club
¼ Teelöffel scharfer Paprika
50 Gramm gewürfelte frische Ananas

Zubereitung:

Die Garnelen in 0,5 Liter Wasser 10 Minuten lang kochen. Abkühlen lassen. Garnelenfleisch aus den Schalen lösen. Das Fleisch mit allen anderen Zutaten gut vermengen und in 4 Cocktailschalen anrichten. Mit Zitronenscheiben und frischen Korianderzweiglein garniert servieren.

ENTRADAS - VORSPEISEN

COCTEL DE CANGREJO

Ingredientes:

200 gramos de masa de cangrejo (u 8 cangrejos enteros)
¼ cucharadita de pimienta
4 cucharaditas de zumo de limón
8 cucharadas de pasta de tomate
8 cucharadas de crema de leche
20 mililitros de ron Havana Club
½ cucharadita de sal

Instrucciones:

Ponga a hervir la masa de cangrejo en medio litro de agua durante 15 minutos. Sáquelas del agua y déjela enfriar. Mezcle la masa con todos los ingredientes y sírvalo en 4 copas (o en el carapacho del cangrejo) decorados con una ramita de culantro.

KREBSFLEISCHCOCKTAIL

Zutaten:

200 Gramm Krebsfleisch (oder 8 ganze Krebse)
¼ Teelöffel Pfeffer
4 Teelöffel Zitronensaft
8 Esslöffel Tomatenmark
8 Esslöffel Rahm
20 Milliliter Rum Havana Club
½ Teelöffel Salz

Zubereitung:

Das Krebsfleisch in 0,5 Liter Wasser 15 Minuten lang kochen. Abkühlen lassen. Das Fleisch mit allen anderen Zutaten gut vermengen und in 4 Cocktailschalen (oder, wenn vorhanden, in den Krebspanzern) anrichten. Mit frischen Korianderzweiglein garniert servieren.

CRUDO DE PESCADO Y MARISCOS

Ingredientes:

50 gramos de pescado sierra

2 cebollas rojas picaditas

50 gramos de camarones pelados

4 ramitas de culantro

50 gramos de masa de langosta picadito50 gramos de calamares Zumo de

10 limones

50 gramos de masa de cangrejo

½ cucharadita de jengibre bien picadito 1 cucharadita de ají picante natural picadito y machacado

¼ cucharadita de sal

Instrucciones:

Corte todas las masas en trocitos pequeños de 1 centímetro. Échelos en una cazuela. Agregue los demás ingredientes en el siguiente orden: el ají picante, jengibre, sal, culantro, cebollas y por último el zumo de limón. Tápelo y póngalo en el refrigerador durante 4 horas. Remuévalo 4 veces en un intervalo de 30 minutos. Sírvalo en 4 copas junto con su jugo.

COCKTAIL AUS FISCH UND MEERESFRÜCHTEN

Zutaten:

50 Gramm Sägefischfleisch

2 gehackte rote Zwiebeln

50 Gramm geschälte Garnelen

4 Korianderzweiglein, feingehackt

50 Gramm HummerfleischSaft von

10 Zitronen

50 Gramm Tintenfisch

½ Teelöffel frischen Ingwer, gehackt

50 Gramm Krebsfleisch und zerdrückt

1 Teelöffel frische scharfe

¼ Teelöffel Salz

Pfefferschote, feingehackt

Zubereitung:

Alles Fleisch in kleine Stücke schneiden (ca. 1 Zentimeter). In einen Topf geben, dann die anderen Zutaten in dieser Reihenfolge hinzufügen: scharfe Pfefferschote, Ingwer, Salz, Koriander, Zwiebeln und zuletzt den Zitronensaft. Zugedeckt 4 Stunden lang im Kühlschrank ziehen lassen, dabei anfangs vier Mal im Abstand von ½ Stunde gut durchmischen. Im eigenen Saft in 4 Cocktailschalen servieren.

COCTEL DE OSTIONES

Ingredientes:

200 gramos de ostiones frescos

1 cucharada de salsa picante

4 cucharaditas de zumo de limón

0,4 litro de zumo de tomate

¼ cucharadita de sal

¼ cucharadita de pimienta en polvo

Instrucciones:
Eche las masas de los ostiones en un recipiente. Agregue los demás ingredientes. Remuévalo con la cuchara coctelera y sírvalo en 4 copas.

AUSTERNCOCKTAIL

Zutaten:

200 Gramm frische Austern

1 Esslöffel Chili-Sauce

4 Teelöffel Zitronensaft

0,4 Liter Tomatensaft

¼ Teelöffel schwarzer Pfeffer

¼ Teelöffel Salz gemahlen

Zubereitung:
Das Austernfleisch in ein Gefäß geben. Alle andern Zutaten hinzufügen. Gut durchmischen und in 4 Cocktailschalen servieren.

PAPAS RELLENAS

Ingredientes:

500 gramos de papas
2 huevos
100 gramos de picadillo de carne
1 ramita de culantro picadita
½ ají pimiento picadito
Una pizca de comino
1 cebolla picadita
50 gramos de harina de pan
1 hoja de laurel
3 cucharadas de aceite de oliva
Una pizca de pimienta
2 dientes de ajo
50 gramos de pasta de tomate
½ cucharadita de sal
10 mililitro de ron Havana Club
4 hojas de lechuga

Instrucciones:
Pele las papas y póngalas a hervir en 2 litros de agua durante 30 minutos. Ponga una sartén con el aceite a calentar, eche el picadillo y fríalo removiéndolo hasta dorarse. Agregue todas las especias y cocínelo durante 5 minutos. Échele el ron y la pasta tomate. Remuévalo y cocínelo durante 4 minutos.

Cuando el picadillo esté listo sáquelo de la sartén y póngalo encima de un papel absorbente para que recoja la grasa y el líquido.

Bata los dos huevos con una pizca de sal y una de pimienta. Saque las papas de la olla y aplástelas con un tenedor o páselo por el colador de puré. Cuando la pasta esté hecha, mójese las manos con agua fría y haga bolas del tamaño de una papa. Hágale un hoyito con el dedo y rellénelo con el picadillo. Cierre el hoyo, pásela por el huevo batido y luego por la harina de pan.

Ponga la sartén con medio litro de aceite a calentar durante 10 minutos. Eche a freír las papas rellenas en la sartén. Cuando estén doradas sáquelas y póngalas encima de un papel absorbente. Ponga una hoja de lechuga encima de un plato y luego la papa rellena. ¡Buen apetito!

GEFÜLLTE KARTOFFELBÄLLCHEN

Zutaten:

500	*Gramm Kartoffeln*
2	*Eier*
100	*Gramm Hackfleisch*
1	*Korianderzweiglein, feingehackt*
½	*Gemüsepaprika, gehackt*
1	*Prise Kümmel, gemahlen*
1	*Zwiebel, gehackt*
50	*Gramm Weizenmehl*
1	*Lorbeerblatt*
3	*Esslöffel Olivenöl*
1	*Prise Pfeffer*
2	*Knoblauchzehen*
50	*Gramm Tomatenmark*
½	*Teelöffel Salz*
10	*Milliliter Rum Havana Club*
4	*Blatt Kopfsala*

Zubereitung im Tiegel:
Kartoffeln schälen, in 2 Liter Wasser aufsetzen und 30 Minuten lang kochen. Olivenöl in der Pfanne erhitzen, das Hackfleisch hineingeben und unter Umrühren goldbraun anbraten. Alle Gewürze hinzufügen und 5 Minuten schmoren. Dann Rum und Tomatenmark zugeben, umrühren und weitere 4 Minuten köcheln lassen.

Hackfleischmischung danach aus der Pfanne nehmen und auf Küchenkrepp legen, das Fett und Flüssigkeit aufsaugt. Die beiden Eier mit je 1 Prise Salz und Pfeffer schlagen. Kartoffelwasser abgießen, Kartoffeln abtropfen lassen, dann mit einer Gabel zerquetschen oder durch einen Durchschlag pürieren. Wenn die Masse fertig ist, Hände mit kaltem Wasser abspülen und Bälle von der Größe einer mittleren Kartoffel formen. Mit dem Daumen eine Höhlung hineindrücken und mit der Hackfleischmischung füllen. Die Öffnung wieder verschließen, dann erst in Ei und dann im Mehl wälzen.

Einen größeren Tiegel mit 0,5 Liter Öl 10 Minuten lang erhitzen. Die gefüllten Kartoffeln zum Ausbacken in das heiße Öl geben. Wenn sie goldbraun sind, herausnehmen und auf Küchenkrepp abtrocknen lassen. Auf jedem Teller ein Salatblatt anrichten, darauf die gefüllten Kartoffeln.
Guten Appetit!

CHICHARRONES

Ingredientes:

1 kilogramo de barriga de cerdo
50 mililitros de agua
½ cucharada de sal
1 cucharada de zumo de limón

Instrucciones:
Corte la carne en cuadros de 2 x 2 centímetros o más si lo desea. Dé 2 cortes en forma de cruz por la parte de la masa a 1 centímetro de profundidad. Eche los trozos en un caldero o en una sartén a hervir con medio litro de agua a todo fuego. Cuando el agua se gaste, bájele el fuego y remúevalo de vez en cuando con una cuchara de madera durante 1 hora. Tenga cuidado que no le salpique la manteca que estos van soltando durante la cocción. Eche la ½ cucharada de sal en los 50 mililitros de agua y diluya bien. Póngale el máximo de fuego a la sartén y asústelos con el agua con sal que usted ha preparado y retírese inmediatamente, pues la manteca va a subir y esto puede provocar un accidente. Después de esta acción, déjelos freír 5 minutos. Bájelos del fuego. Sáquelos con la espumadera de cocina y póngalos a escurrir sobre un papel absorbente para que recoja la grasa que destilan los chicharrones. Sírvalo caliente o frío rociándole por encima el zumo de limón.

BAUCHSPECKGRIEBEN

Zutaten:

1 Kilogramm roher Schweinebauch (mit Schwarte)
50 Milliliter Wasser
½ Teelöffel Salz
1 Teelöffel Zitronensaft

Zubereitung in der Pfanne:
Den Bauchspeck in 2 x 2 Zentimeter große Würfel schneiden (auf Wunsch auch größer). Auf der Fettseite zweimal kreuzförmig ca. 1 Zentimeter tief einschneiden. In einem Schmortopf oder einer großen Pfanne mit 0,5 Liter Wasser bei größter Hitze zum Kochen bringen. Wenn das Wasser verkocht ist, Hitze verringern und 1 Stunde lang im eigenen Fett braten lassen, dabei von Zeit zu Zeit mit Holzlöffel umrühren. Vorsicht vor heißen Fettspritzern, die Chicharrones springen während des Siedens leicht aus dem flüssigen Fett! Den halben Teelöffel Salz in den 50 Milliliter Wasser gut auflösen. Hitze wieder auf höchste Stufe stellen und die Grieben mit Salzwasserspritzern abschrecken. Dabei schnell vom Topf zurücktreten - das heiße Fett schäumt auf und spritzt - Unfallgefahr! Nach Verbrauch des Salzwassers die Grieben im Fett noch 5 Minuten sieden lassen. Kochstelle abschalten und die Chicharrones mit einem Schaumlöffel aus dem Gefäß fischen. Auf Küchenkrepp abtropfen lassen, damit das überschüssige Fett aufgesaugt wird. Warm oder kalt servieren, dabei mit dem Zitronensaft besprenkeln.

CHICHARRONES - BAUCHSPECKGRIEBEN

TOSTONES - FRITTIERTE KOCHBANANEN

TOSTONES

Ingredientes:

2 plátanos verdes

½ cucharadita de sal

50 mililitros de agua

Instrucciones:
Ponga a calentar una sartén durante 10 minutos a fuego lento con aceite abundante. Corte los dos extremos de los plátanos; dele un corte a la cáscara de cada plátano a lo largo, seguidamente, corte en ruedas de 2,5 centímetros, quítele la cáscara y tírela. Échelos a freír hasta que estén medios dorados, sáquelos y aplástelos ligeramente a 10 milímetros. Diluya la sal en el agua. Ponga a calentar el aceite a todo fuego. Pase los plátanos por el agua de sal y échelos a freír en la sartén durante 2 minutos.

FRITTIERTE KOCHBANANEN

Zutaten:

2 grüne Kochbananen

½ Teelöffel Salz

5 Milliliter Wasser

Zubereitung in der Pfanne:
In der Pfanne die Bananen mit Öl bedeckt 10 Minuten lang bei kleinem Feuer erhitzen. Bananenenden abschneiden und wegwerfen. Die Bananenschale jeweils längs aufschlitzen, dann die Bananen in 2½ Zentimeter dicke Scheiben schneiden. Schale ablösen. In heißem Ölbad halb anrösten, bis die Farbe dunkelgelb wird. Herausnehmen und auf etwa 1 Zentimeter Dicke zusammenquetschen. Salz im Wasser gut auflösen. Ölbad auf volle Hitze bringen. Die Bananenscheiben in Salzwasser tauchen und dann für zwei Minuten in das heiße Öl geben. Vorsicht! Die Wassertropfen bringen das Öl zum Spritzen! Schützen Sie sich entsprechend vor Verbrennungen!

FUFÚ DE PLÁTANO

Ingredientes:

- 2 *plátanos verdes*
- 2 *plátanos pintones*
- 50 *gramos de carne de cerdo picada en cuadritos*
- 1 *cebolla roja cortada en ruedas*
- 2 *dientes de ajo*
- 2 *cucharadas de manteca de cerdo*
- ½ *cucharadita de sal*
- 2 *litros de agua*

Instrucciones:
Corte los dos extremos de los plátanos; dele un corte a la cáscara a lo largo y córtelo en 4 partes. Póngalos a hervir con la cáscara y la sal. Tape la olla y cocínelo durante 30 minutos. Ponga la sartén al fuego con las dos cucharadas de manteca y la carne en trocitos. Fríala bien hasta que quede bien dorada. Échele la cebolla y fríala 3 minutos, después los ajos bien picaditos, cuando estos estén doraditos, baje la sartén.
Saque los plátanos de la olla y échelos en una cazuela, aplástelos bien, con la maceta de cocina o un tenedor, antes de que se enfríen. Cuando ya tenga la masa hecha, agréguele la carne con la manteca y la cebolla. Remuévalo todo nuevamente. Mójese las manos con agua fría y haga de la masa bolas que quepan en la mano, apretándolas bien y que queden redonditas. ¡Buen apetito!

BANANEN-FUFU

Zutaten:

- 2 *grüne Kochbananen*
- 2 *halbreife Kochbananen*
- 2 *Liter Wasser*
- 50 *Gramm Schweinefleisch, in kleine (grün-gelb gefleckt) Stücke geschnitten*
- 1 *rote Zwiebel in Scheiben*
- 2 *Knoblauchzehen*
- ½ *Teelöffel Salz*
- 2 *Esslöffel Schweineschmalz*

Zubereitung im Tiegel:
Bananenenden abschneiden und wegwerfen. Jede Bananenschale längs aufschlitzen, dann jede Banane in 4 Stücke schneiden.
Im Salzwasser Bananenstücke mit Schale zum Kochen bringen und 30 Minuten garen.
Schweinefleisch mit dem Schmalz in einer Pfanne erhitzen und gut durchbraten. Wenn das Fleisch goldbraun ist, Zwiebelscheiben zugeben und 3 Minuten weiter braten, danach die feingeschnittenen Knoblauchzehen, bis diese goldgelb werden. Pfanne vom Herd nehmen.
Bananen aus dem Kochwasser nehmen und ohne Schale in einen Tiegel geben. Mit der Reibekeule oder einer Gabel vor dem Erkalten gut zerdrücken. Wenn die Masse fertig ist, das Fleisch mit Schmalz und Zwiebeln dazugeben.
Alles vermischen und gut durchrühren.
Hände mit kaltem Wasser spülen, dann jeweils eine Handvoll der Masse unter festem Druck zu Kugeln formen. Guten Appetit!

BANANENCHIPS

Zutaten:

2 grüne Kochbananen

½ Teelöffel Salz

Zubereitung in der Pfanne:
In der Pfanne die Bananen mit Öl bedeckt 10 Minuten lang bei kleinem Feuer erhitzen. Bananenenden abschneiden und wegwerfen. Die Bananenschale jeweils längs aufschlitzen, dann die Bananen aus der Schale lösen und in dünne Scheibchen schneiden (2-3 Millimeter dick). Eine Handvoll davon in das heiße Öl geben und sofort mit einer Gabel voneinander trennen, damit sie nicht zusammenbacken.
Wenn die Chicharritas goldgelb sind, herausnehmen und mit der nächsten Portion dieselbe Prozedur vornehmen. Wenn alle Scheibchen gebraten sind, das Salz darüberstreuen. Lassen Sie es sich schmecken!

CHICHARRITAS

Ingredientes:

2 plátanos verdes

½ cucharadita de sal

Instrucciones:
Ponga a calentar una sartén durante 10 minutos con aceite que cubra los plátanos. Corte los dos extremos de los plátanos y quítele la cáscara a los plátanos. Corte los plátanos en rodajas de 2 a 3 milímetros. Eche un puñado a freír y rápidamente trate de separarlas unas de otras con el tenedor de cocina. Cuando estén doradas sáquelas y vuelva ha hacer el mismo procedimiento con el resto. Sírvalas y échele la sal por encima. ¡Buen provecho!

TAMAL CON CARNE

Ingredientes:

12 mazorcas de maíz tierno
50 mililitros de leche
50 gramos de tocino
½ cucharadita de sal
200 gramos de carne picadita
½ cebolla picadita
2 cucharaditas de zumo de limón
½ ají pimiento rojo picadito
4 dientes de ajo picaditos
4 cucharadas de manteca de cerdo
Una pizca de comino en polvo Una pizca de pimienta

Instrucciones:

Caliente la olla vacía durante 4 minutos. Dore el tocino con la carne de cerdo, agréguele los ajíes, ¼ cucharadita de sal, cebolla, ajo, comino y la pimienta, sofría todo 2 minutos. Baje la olla del fogón, échele el limón y déjelo enfriar 15 minutos. Pele las mazorcas de maíz y aparte las hojas. Extraiga el maíz de las mazorcas con el cuchillo y páselo por la máquina de moler con la cuchilla más fina. Agregue la masa de maíz molido a la carne junto con la manteca y la sal, remueva bien hasta formar una pasta. Eche 4 cucharadas de esta pasta en cada hoja de maíz lista para envolver el tamal. Antes de envolverlo ha de colocarse otra hoja en sentido inverso, al objeto, que puedan doblarse los extremos y amarre el mismo por el centro con una tira de hoja de maíz. Ponga una olla con 5 litros de agua a hervir durante 20 minutos. Eche los tamales. Tape la olla y cocínelos durante 40 minutos. Sáquelos de la olla. Antes de servirlos, quítele las hojas y tírelas.

MAISPASTETEN MIT FLEISCH

Zutaten:

12 junge Maiskolben (Körner weiß)
1 Prise Kümmel, gemahlen
50 Gramm Schinkenspeck
50 Milliliter Milch
200g Gramm Fleisch, kleingeschnitten

½ Teelöffel Salz
½ Zwiebel, fein geschnitten
½ rote Gemüsepaprika, fein geschnitten
2 Teelöffel Zitronensaft
4 Esslöffel Schweineschmalz
4 Knoblauchzehen, fein geschnitten
1 Prise Pfeffer

Zubereitung im Tiegel:
Den leeren Topf 4 Minuten lang erhitzen. Den Schinkenspeck mit dem Fleisch goldbraun anbraten, Gemüsepaprika, ¼ Teelöffel Salz, Zwiebel, Knoblauch, Kümmel und Pfeffer zugeben und alles 2 Minuten dünsten. Tiegel vom Feuer nehmen, Zitronensaft zugeben und 15 Minuten abkühlen lassen. Maiskolben vorsichtig abschälen und die Hüllblätter aufheben. Die Maiskörner vom Kolben ablösen (mit Messer oder Esslöffel) und mit der feinsten Schneidstufe mahlen (oder durch den Fleischwolf drehen). Diese Masse zusammen mit dem Schmalz unter das Fleisch mischen und alles gut durcharbeiten bis ein Teig entsteht. Vier Esslöffel von der Teigmasse auf jeweils ein Maisblatt geben (die äußeren Blätter der Maiskolben sind haltbarer). Vor dem Einwickeln ein zweites Blatt quer zum ersten auf die den Teig legen, damit die Enden sich beim Einwickeln überkreuzen. Jedes Paket (ca. 10 x 5 Zentimeter) mit einem Streifen eines festeren Blattes (in Faserrichtung geschnitten) gut verschnüren.
In einem Topf 5 Liter Wasser 20 Minuten lang sieden lassen, dann die Tamales hineingeben. Deckel verschließen und 40 Minuten lang kochen lassen. Tamales herausnehmen und vor dem Servieren die Blätterhülle entfernen.

CROQUETAS DE POLLO

Ingredientes:

500 gramos de pollo
¼ cucharadita de pimienta
¼ cucharadita de nuez moscada
20 mililitros de zumo de limón
1 cebolla picadita
½ cucharadita de sal
4 cucharaditas de perejil picadito
50 gramos de harina
50 mililitros de leche
4 cucharadas de mantequilla
3 cucharadas de vino seco
2 huevos
100 gramos de pan rallado

Instrucciones:
Ponga a hervir el pollo en 1 litro de agua con el vino y la sal durante 20 minutos. Déjelo enfriar, quítele los huesos y tírelos.
Prepare una pasta de la siguiente forma:
Ponga la olla destapada a calentar a fuego lento con el caldo del pollo, la leche fría con la harina bien diluida que se habrá unido. Remuévalo constantemente, después la cebolla, mantequilla y demás ingredientes menos el huevo y el pan rallado. Remuévalo lentamente hasta cocinarse esta pasta durante 5 minutos. Agregue el pollo desmenuzado y enfríe esta pasta en una fuente. Forme las croquetas con las manos untadas en aceite para que no se pegue la masa. Envuélvalas en huevo y pan rallado. Fría las croquetas con abundante grasa bien caliente. Estas croquetas también se pueden hacer con otro tipo de carne, siempre y cuando la pase por la máquina de moler.

HÜHNERKROKETTEN

Zutaten:

500 Gramm Hühnerfleisch
¼ Teelöffel Pfeffer
¼ Teelöffel Muskatnuss, gerieben
20 Milliliter Zitronensaft
½ Teelöffel Salz
1 feingeschnittene Zwiebel
50 Gramm Weizenmehl
4 Teelöffel feingehackte Petersilie
4 Esslöffel Butter
50 Milliliter Milch
2 Eier
3 Esslöffel trockener Rotwein
100 Gramm geriebene Semmel (Paniermehl)

Zubereitung im Tiegel:
Das Hühnerfleisch in 1 Liter Salzwasser mit dem Rotwein 20 Minuten lang kochen. Abkühlen lassen und von den Knochen lösen.
Die Fleischmasse wie folgt anrichten: Den offenen Tiegel mit der Hühnerbrühe auf kleiner Hitze köcheln lassen. Die kalte Milch mit dem Weizenmehlgut verrühren und in die Brühe geben, gut verrühren, dabei Zwiebel, Butter und die anderen Gewürze zugeben, bis auf die Eier und das Semmelmehl. Weiter langsam umrühren, und die Masse 5 Minuten lang aufkochen. Das kleingeschnittene Hühnerfleisch zugeben, gut untermischen und den Teig im Tiegel erkalten lassen. Hände mit Öl einreiben, damit der Teig nicht klebt, und die Kroketten als längliche Röllchen formen. In Ei und Semmelmehl wälzen. Im offenen Tiegel in ausreichender Menge sehr heißen Fettes ausbraten. Diese Kroketten können auch mit anderen Sorten von Fleisch zubereitet werden, das dann aber durch den Fleischwolf gedreht werden muss.

ENSALADA DE POLLO

Ingredientes:

250 gramos de masa de pollo
Una pizca de pimienta
250 gramos de macarrones
1 hoja de laurel
50 gramos de salsa mayonesa
1 cebolla entera
100 gramos de piña en trocitos
y la masa de una naranja en trocitos.
¼ cucharadita de sal

Instrucciones:
Ponga a hervir la masa de pollo con la cebolla y la hoja de laurel durante 25 minutos. Cuando tenga 15 minutos de cocción, agréguele los macarrones. Pasado los 25 minutos, Baje la olla del fuego y ponga los macarrones a escurrir en una coladera. Saque la masa del pollo. Cuando ésta esté fría desmenúcela bien, échela en una cazuela junto con los macarrones. Agréguele la salsa mayonesa, los trocitos de piña, naranja, la pimienta y la sal. Póngalo en el refrigerador durante 20 minutos.

HÜHNERSALAT

Zutaten:

250 Gramm Hühnerfleisch
50 Gramm Mayonnaise
250 Gramm Makkaroni, gestückelt
1 Prise Pfeffer
100 Gramm Ananas, gewürfelt
1 Lorbeerblatt
Fleisch einer Apfelsine, kleingeschnitten
1 Zwiebel
¼ Teelöffel Salz

Zubereitung im Tiegel:
Das Hühnerfleisch mit Zwiebel und Lorbeerblatt 25 Minuten lang in Salzwasser kochen. Nach 15 Minuten die Makkaroni zugeben. Nach Ablauf der Garzeit, Tiegel vom Herd nehmen und alles in einen Durchschlag gießen. Hühnerfleisch herausnehmen, Makkaroni abspülen und abtropfen lassen. Das abgekühlte Hühnerfleisch in kleine Stücke reißen und zusammen mit den ebenfalls abgekühlten Makkaroni in eine Schüssel geben. Mayonnaise, Ananasstücken, Apfelsine, Pfeffer und Salz zugeben, alles gut durchmischen. 20 Minuten im Kühlschrank kalt werden lassen. Guten Appetit!

YUCA FRITA

Ingredientes:

500 gramos de yuca

½ cucharadita de sal

3 litros de agua

Instrucciones en:
Pele las yucas y córtelas en trozos de 10 centímetros. Póngalas a hervir en los 3 litros de agua durante 25 minutos con la olla tapada. Cuando estén bien blanditas póngalas a escurrir en una coladera. Sáquelas, quítele las raíces que tienen en el centro y córtelas en 4 pedazos a lo largo. Ponga una sartén a calentar con abundante aceite y cuando esté caliente eche a freír las yucas hasta que estén doradas. Colóquelas sobre un papel absorbente para recojer la grasa que destilan.

GEBRATENE YUKKA (MANIOK)

Zutaten:

500 Gramm Yukka-Wurzeln

½ Teelöffel Salz

3 Liter Wasser

Pflanzenöl

Zubereitung im Tiegel:
Yukka schälen und in 10 Zentimeter lange Stücke schneiden. Im zugedeckten Topf 40 Minuten lang kochen lassen. Wenn sie weichgekocht ist, im Durchschlag abtropfen lassen. Längs vierteln, dabei die Mittelfaser entfernen. Eine Pfanne mit reichlich Öl erhitzen und die Yukka-Stücke braten, bis sie eine schöne goldgelbe Farbe annehmen. Auf Küchenkrepp das überschüssige Fett aufsaugen lassen. Beim Anrichten mit dem Salz bestreuen.

FRITURAS DE MAIZ

Ingredientes:

125 gramos de maíz tierno molido
¼ de ají pimiento rojo picados en cuadritos
¼ cucharadita de sal
¼ cucharadita de pimienta
1 huevo
¼ cucharadita de levadura
4 cucharadas de leche
1 cucharada de cebollín picadito

Instrucciones:
Mezcle los ingredientes y forme una pasta. Ponga una sartén a calentar con abundante aceite, cuando esté caliente eche la pasta por cucharadas y saque las frituras cuando estén doradas. Tenga en cuenta que el aceite debe cubrir la parte superior de la pasta al freír. Échele la sal y buen provecho.

FRITTIERTE MAISKÜCHLEIN

Zutaten:

125 Gramm junger Mais (weiße) Körner, durchgedreht
1 Esslöffel feingehacktes Schnittlauch
¼ Teelöffel Salz
¼ Teelöffel Pfeffer
1 Ei
¼ Teelöffel Trockenhefe
4 Esslöffel Milch
¼ rote Gemüsepaprika, gewürfelt

Zubereitung in der Pfanne:
Alle Zutaten gut vermischen und zu einem Teig verkneten. Eine Pfanne mit viel Öl erhitzen und in das heiße Öl die Masse jeweils Esslöffelvoll hineingeben. Goldbraun ausbraten und dann aus der Pfanne nehmen. Dabei beachten, dass das öl die Küchlein vollständig bedecken soll, ansonsten mit der Gabel umdrehen. Mit Salz bestreuen und: Guten Appetit!

FRITURAS DE BACALAO

Ingredientes:

50	*gramos de bacalao*
2	*cucharaditas de perejil bien picado*
100	*gramos de harina de trigo*
50	*mililitros de leche*
2	*cebollas bien picadas*
¼	*cucharadita de sal*
1	*huevo*
¼	*cucharadita de levadura*
	Una pizca de pimienta

Instrucciones:
Ponga el bacalao en remojo cortado en trozos pequeños un día antes de cocinarlo en el refrigerador, y cambiar el agua hasta 4 veces en el día. Sáquele las espinas y los pellejos con cuidado. Córtelo en trocitos, haga una pasta con la leche, harina, pan rallado, perejil, el huevo batido, bacalao y la levadura. Mézclelo bien. Ponga a calentar una sartén con 0,2 litro de aceite durante 5 minutos. Eche la pasta por cucharadas sin exceso y fría hasta dorarse, desde luego con la sartén destapada. Después de fritas colóquelas sobre un papel para absorber la grasa. Sírvase caliente.

FRITTIERTE KABELJAUPASTE

Zutaten:

50	Gramm Kabeljaufilet
1	Teelöffel feingehackte Petersilie
100	Gramm Mehl
2	feingehackte Zwiebeln
50	Milliliter Milch
1	Prise Pfeffer
¼	Teelöffel Salz
1	Ei
¼	Teelöffel Trockenhefe

Zubereitung in der Pfanne:
Das von Graten und Haut befreite und in kleine Stücke geschnittene Kabeljaufilet am Tag vor der Zubereitung im Kühlschrank wässern und das Wasser alle 4 Stunden wechseln. Alle anderen Zutaten mit den Kabeljaustückchen gut vermengen und zu einer Paste verkneten. Eine Pfanne mit 0,2 Liter Pflanzenöl 5 Minuten lang bei großer Hitze erwärmen. Jeweils 1 gestrichenen Esslöffelvoll der Paste in das heiße Öl geben und goldbraun ausbraten, ohne die Pfanne zu bedecken. Nach dem Braten auf Küchenkrepp das überschüssige Fett aufsaugen lassen. Heiß servieren.

CROQUETAS DE PESCADO

Ingredientes:

200 gramos de masa de pescado cocinado
50 gramos de queso crema
100 gramos pan rallado
4 cucharaditas de crema
Una pizca de pimienta de leche
Una cucharadita de zumo de limón
¼ cucharadita de sal
2 huevos

Instrucciones:
Mezcle el pescado con el zumo de limón, pimienta, sal, la crema de leche y el queso crema. Aplástelo bien hasta que se forme una pasta consistente. Úntese un poco de mantequilla en las manos y dele la forma alargada propia de las croquetas. Envuélvalas en pan rallado y en huevo repitiendo esta operación 4 veces. Fríalas durante 2 minutos en abundante aceite caliente, pero no en exceso. Sáquelas y póngalas sobre un papel absorbente para recojer la grasa que destilan.

FISCHKROKETTEN

Zutaten:

200 Gramm gekochtes Fischfilet
50 Gramm Frischkäse
4 Teelöffel Sahne (creme fraiche)
100 Gramm geriebene Semmel
¼ Teelöffel Salz
1 Prise Pfeffer
2 Eier
1 Teelöffel Ziotronensaft

Zubereitung in der Pfanne:
Den Fisch mit Zitronensaft, Salz, Pfeffer, der Sahne und dem Frischkäse vermengen, gut zerquetschen und zu einem festen Teig verkneten. Die Hände mit etwas Butter einreiben und die Kroketten als längliche Röllchen formen. Viermal in geschlagenem Ei und Semmelmehl wälzen. In reichlich, aber nicht zu heißem Öl 2 Minuten lang ausbraten. Nach dem Braten auf Küchenkrepp das überschüssige Fett aufsaugen lassen.

Casco historico Bayamo - Historisches Zentrum von Bayamo

EMPANADILLAS

Ingredientes:

1	*kilogramo de harina de trigo*
2	*huevos*
4	*cucharadas de vino blanco seco*
	Una pizca de azúcar
½	*cucharadita de comino*
1	*cucharadita de sal*
2	*cucharadas de levadura*
2	*cucharadas de aceite*
200	*gramos de mantequilla reblandecida*
¼	*cucharadita de picante*
300	*gramos de carne de res molida*
1	*cebolla picadita*
10	*aceitunas picaditas*
½	*ají pimiento picadito*
2	*dientes de ajo picadito*
2	*cucharadas de pasta de tomate*
	Una ramita de culantro picadito

Instrucciones:

Ponga una sartén a calentar con 4 cucharadas de aceite. Sofría la carne hasta dorarse y remuévala bien. Agréguele una pizca de sal, cebolla, ají, ajo, pasta de tomate, aceitunas comino y culantro. Cocínelo durante 10 minutos a fuego lento. Ponga el picadillo a escurrir sobre un papel absorbente para recojer la grasa. Mezcle la harina, levadura, sal y azúcar en un recipiente. Eche los huevos sin batir, aceite y mantequilla. Amáselo suavemente y agréguele el vino, trabaje la masa hasta que se desprenda de las manos con facilidad. Extender la masa con un rodillo a un espesor de 5 milímetros. Córtelas del tamaño que desee. Coloque en el centro la carne, doble y humedezca los bordes con agua antes de cerrar la empanadilla, presiónela con un tenedor a fin de que la empanadilla quede bien cerrada. Ponga una sartén con medio litro de aceite a calentar durante 10 minutos. Eche las empanadillas a freír y sáquelas cuando estén doradas. Póngalas a escurrir sobre un papel absorbente para recojer la grasa que destilan. ¡Buen apetito!

KLEINE TEIGTASCHEN

Zutaten:

1	*Kilogramm Weizenmehl*
2	*Eier*
4	*Esslöffel trockenen Weißwein*
1	*Prise Zucker*
200	*Gramm weiche Butter*
1	*Teelöffel Salz*
2	*Esslöffel Trockenhefe*
6	*Esslöffel Pflanzenöl*
1	*feingehackte Zwiebel*
¼	*Teelöffel scharfer Paprika*
½	*Gemüsepaprika, feingewürfelt*
300	*Gramm Rinderhack*
½	*Teelöffel Kümmel, gemahlen*
10	*feingehackte grüne Oliven*
2	*Esslöffel Tomatenmark*
2	*feingehackte Knoblauchzehen*
1	*feingehacktes Korianderzweiglein*

Zubereitung in der Pfanne:
Eine Pfanne mit 4 Esslöffeln Öl erhitzen. Das Rinderhack goldbraun anbraten, dabei öfter wenden. Eine Prise Salz, Zwiebel, Knoblauch, Gemüsepaprika, Tomatenmark, scharfen Paprika, Oliven, Kümmel und Koriander hinzufügen, gut verrühren und 10 Minuten lang auf kleinem Feuer schmoren. Die Hackfleischmasse auf Küchenkrepp abtropfen lassen. Mehl, Trockenhefe, Salz und Zucker in einem Gefäß gut vermischen. Die Eier hineinschlagen, 2 Esslöffel Öl und die Butter hinzugeben. Alles vorsichtig vermengen und den Rotwein hinzufügen. Den Teig durchkneten, bis er sich leicht von den Händen löst. Mit dem Nudelholz unter leichtem Druck bis auf eine Dicke von 5 Millimetern ausrollen. Quadrate in gewünschter Größe ausschneiden. Die Fleischfüllung in die Mitte geben und vor dem Zusammenfalten die Ränder mit Wasser bestreichen. Die Ränder mit einer Gabel fest zusammendrücken., damit die Teigtaschengut verschlossen sind. Eine Pfanne mit 0,5 Liter Öll10 Minuten lang erhitzen. Die Teigtaschen hineingeben und wieder entnehmen, wenn sie goldgelb ausgebacken sind. Auf Küchenkrepp das überschüssige Fett aufsaugen lassen. Guten Appetit!

CROQUETAS DE QUESO

Ingredientes:

100 gramos de queso rallado

100 gramos de harina de trigo

½ cucharadita de sal

2 cucharadas de mantequilla

100 mililitros de leche

2 huevos

100 gramos de pan rallado

Instrucciones en sartén:
Derrita la mantequilla en una sartén a fuego lento, agréguele poco a poco cucharadas de harina, queso y leche removiendo suavemente hasta que todo se mezcle. Cuando esta pasta se desprenda de la sartén y de la cuchara, con la que usted remueve, ya está en su punto. Apártela del fuego y póngala a enfriar. Luego tápela y póngala dentro del refrigerador. Una vez bien fría esta pasta, coja pequeñas cantidades y dele la forma alargada propia de las croquetas. Envuelva cada una en huevo y pan rallado. Fríalas en abundante aceite caliente pero no con exceso. Dórelas y póngalas sobre un papel absorbente para recojer la grasa que destilan.

KÄSEKROKETTEN

Zutaten:

100 Gramm geriebener Käse

100 Gramm Weizenmehl

½ Teelöffel Salz

2 Esslöffel Butter

0,1 Liter Milch

2 Eier

100 Gramm geriebene Semmel

Zubereitung in der Pfanne:
Die Butter bei geringer Hitze in der Pfanne zerlassen, löffelweise nach und nach Mehl, Käse und Milch hinzugeben und unter vorsichtigem Umrühren alles gut vermischen. Wenn die Masse sich von der Pfanne und vom Rührlöffel ablöst, die Pfanne vom Herd nehmen und abkühlen lassen. Danach zudecken und im Kühlschrank weiter erkalten lassen. Von der gut gekühlten Masse kleine Portionen abnehmen und die Kroketten als längliche Röllchen formen. Jede Krokette mit Ei und Semmelmehl panieren. In reichlich Öl nicht zu heiß goldbraun ausbacken. Auf Küchenkrepp das überschüssige Fett aufsaugen lassen.

FRITURAS DE CALABAZA

Ingredientes:

250 gramos de calabaza cocida

¼ cucharadita de levadura

1 cucharada de azúcar

1 huevo bien batido

3 cucharadas de harina de trigo

5 gotas de vainilla

Instrucciones:
Mezcle todos los ingredientes hasta formar una pasta. Ponga una sartén a calentar con 0,2 litro de aceite durante 10 minutos a fuego lento y eche la pasta a freír en cucharaditas durante 3 minutos. Sáquelas y póngalas a escurrir en un papel absorbente para recojer la grasa que destilan. Sírvalas caliente echándole azúcar en polvo por encima.

FRITTIERTE KÜRBISKÜCHLEIN

Zutaten:

250 Gramm gekochte Kürbisstücke

¼ Teelöffel Trockenhefe

1 Esslöffel Zucker

1 gut geschlagenes Ei

3 Esslöffel Weizenmehl

5 Tropfen Vanillearoma

Zubereitung in der Pfanne:
Alle Zutaten gut vermengen und zu einem Teig verkneten. Eine Pfanne mit 0,2 Litern Öl 10 Minuten lang auf kleinem Feuer erhitzen und den Teig dann teelöffelweise je drei Minuten lang ausbraten. Aus der Pfanne nehmen und auf Küchenkrepp das überschüssige Fett aufsaugen lassen. Heiß und mit Puderzucker bestäubt servieren.

FRITURAS DE MALANG

Ingredientes:

250 gramos de malanga
½ cebolla picadita
1 ramita de perejil bien picadito

1 huevo
¼ cucharadita de sal
¼ cucharadita de levadura

Instrucciones:
Pele la malanga y rállela, agregue los demás ingredientes y el huevo bien batido. Mezcle todo haciendo una pasta. Ponga una sartén con 0,2 litro de aceite a calentar durante 10 minutos y échele en cucharaditas, la pasta hasta dorarse. Saque las frituras y póngalas a escurrir sobre un papel absorbente para recojer la grasa.

FRITTIERTE TAROKÜCHLEIN

Zutaten:

250 Gramm Taro-Knollen
1 feingehackte Zwiebel
1 Petersilienzweig, feingehackt
1 Ei
¼ Teelöffel Trockenhefe l
¼ Teelöffel Salz

Zubereitung in der Fissler-Pfanne:
Taro-Knollen schälen und reiben. Die übrigen Zutaten mit dem gut durchgeschlagenen Ei hinzufügen, gut vermischen und zu einem Teig verkneten. Eine Pfanne mit 0,2 Litern Öl 10 Minuten lang auf kleinem Feuer erhitzen und den Teig dann teelöffelweise goldbraun ausbraten. Die Küchlein aus der Pfanne nehmen und auf Küchenkrepp das überschüssige Fett aufsaugen lassen.

ANCAS DE RANA EMPANIZADAS

Ingredientes:

500 gramos de ancas de rana

100 gramos de harina de trigo

½ cucharadita de sal

2 huevos batidos

½ litro de aceite

½ cucharadita de pimienta

Una pizca de nuez moscada

Instrucciones:
Ponga una sartén con el aceite a calentar durante 10 minutos. Pase las ancas de rana por el huevo batido con la sal, pimienta y nuez moscada. Luego por la harina y échelas a freír hasta dorarse. Colóquelas encima de un papel absorbente para recojer la grasa que destilan. ¡Buen apetito!

PANIERTE FROSCHSCHENKEL

Zutaten:

500 Gramm Froschschenkel

½ feingehackte Zwiebel

½ Teelöffel Salz

2 Eier

0,5 Liter Pflanzenöl

½ Teelöffel Pfeffer

1 Prise geriebene Muskatnuss

Zubereitung in der Pfanne:
Eine Pfanne mit dem Öl 10 Minuten lang erhitzen. Die gewaschenen Froschschenkel durch die mit Salz, Pfeffer und Muskat geschlagenen Eier ziehen, anschließend in Mehl wälzen und im heißen Öl goldbraun ausbraten. Auf Küchenkrepp das überschüssige Fett aufsaugen lassen. Guten Appetit!

CHURROS

Ingredientes:

100 gramos de harina de trigo
6 cucharadas de leche
50 mililitros de agua
1 cucharada de aceite de oliva
Una pizca de sal
¼ cucharadita de levadura
¼ cucharadita de azúcar

Instrucciones:
Ponga en una olla pequeña a hervir el agua y la leche junto con el aceite, la sal y el azúcar. Remuévalo y cuando esté a punto de hervir Eche la harina removiéndola con una cuchara hasta formar una pasta. Eche la levadura, remuévala durante 2 minutos. Aparte del fuego y déjelo enfriar un poco, no demasiado, pues si se enfría la pasta se endurecerá. Eche la pasta en una manga de Cakes poniéndole una boquilla grande. Ponga una sartén con ½ litro de aceite a calentar durante 10 minutos. Sujete la manga por detrás y ponga la mano izquierda en la parte delantera apretándola para sacar la pasta en trozos y que caiga en la sartén. Cuando estén dorados, sáquelos. Póngalos encima de un papel absorbente para recojer la grasa. Espolvoree azúcar por encima y sírvase.

FETTGEBÄCKKRINGEL

Zutaten:

100 Gramm Weizenmehl
6 Esslöffel Milch
50 Milliliter Wasser
1 Esslöffel Olivenöl
1 Prise Salz
¼ Teelöffel Trockenhefe
¼ Teelöffel Zucker

Zubereitung im Tiegel:
In einem kleinen Topf das Wasser und die Milch mit Olivenöl, Salz und Zucker zum Kochen bringen. Gut verrühren und beim Aufkochen die Hitze verringern. Unter ständigem Rühren nach und nach das Mehl hinzufügen und weiter verrühren, bis eine Teigmasse entsteht. Die Trockenhefe unterrühren und nach zwei Minuten die Masse vom Herd nehmen. Etwas abkühlen lassen, jedoch nicht zu stark sonst wird der Teig zu hart. Die Masse in eine Spritztüte aus Leinen geben und eine größere runde Spritzdüse wählen. Im Tiegel 0,5 Liter Öl 10 Minuten lang erhitzen. Die Spritzdüse über den Tiegel halten und mit einer Hand die Masse so herauspressen, dass die Teigstückchen direkt in das heiße Öl fallen. Jeweils 10 bis 15 Zentimeter lange Stückchen abteilen und goldgelb ausbacken lassen. Aus dem Tiegel nehmen und auf Küchenkrepp das überschüssige Fett aufsaugen lassen. Warm servieren und mit Zucker bestreuen.

CAMARONES EN FLAMA

Ingredientes :

200 gramos de camarones pelados

2 cucharadas de zumo de limón

2 cucharadas de aceite de oliva

4 dientes de ajo picaditos

Una pizca de pimienta

20 mililitros de ron Havana Club

¼ cucharadita de sal

Instrucciones:

Ponga la sartén con el aceite a calentar durante 2 minutos. Fría los camarones con el ajo, sal y pimienta durante 6 minutos. Agréguele el limón por encima. Sírvalos en 4 platos, póngale el ron y rápidamente el fuego. ¡Buen apetito!

FLAMBIERTE GARNELEN

Zutaten:

200 Gramm geschälte Garnelen

2 Esslöffe Olivenöl

2 Esslöffe Zitronensaft

4 feingehackte Knoblauchzehen

1 Prise Pfeffer

2 Milliliter Rum Havana Club

¼ Teelöffel Salz

Zubereitung:

Eine Pfanne mit dem Öl erhitzen. Die Garnelen mit Salz 4 Minuten lang anbraten, nach 3 Minuten Knoblauch und Pfeffer dazugeben und mit dem Zitronensaft beträufeln. Zum Servieren auf 4 Tellern anrichten, mit Rum begießen und anzünden.

Guten Appetit!

ENCHILADA DE ANCAS DE RANA

Ingredientes:

400 gramos de ancas de rana
50 gramos de pasta de tomate
2 dientes de ajo
½ ají pimiento picadito
½ cebolla picadita picaditas
Una pizca de nuez moscada
2 ramitas de culantro
½ cucharadita de sal
10 mililitros de ron Habana Club
Una pizca de comino
2 cucharadas de aceite de oliva
1 cucharada de mantequilla

Instrucciones:
Ponga la olla a calentar con el aceite. Eche las ancas de rana y sofríalas. Agregue la mantequilla y los demás ingredientes menos el ron y la pasta de tomate. Remuévalo bien. Adicione el ron, pasta de tomate y medio litro de caldo de sustancia. Tape la olla y cocínelo a fuego lento durante 20 minutos. ¡Buen provecho!

FROSCHSCHENKEL-FRIKASSEE

Zutaten:

400 Gramm Froschschenkel
50 Gramm Tomatenmark
2 Knoblauchzehen
½ Gemüsepaprika, gewürfelt
½ kleingeschnittene Zwiebel
1 Prise Muskat
2 Korianderzweiglein, feingehackt
½ Teelöffel Salz
10 Prise Kümmel, gemahlen
1 Milliliter Rum Havana Club
2 Esslöffel Olivenöl
1 Esslöffel Butter

Zubereitung im Tiegel:
Das Öl im Tiegel erhitzen. Die Froschschenkel hineingeben und anbraten. Die Butter und alle anderen Zutaten außer Tomatenmark, Rum und Brühe hinzufügen. Alles gut verrühren. Dann Rum und Tomatenmark unterrühren und mit der Brühe auffüllen. Tiegel zudecken und auf kleinem Feuer 20 Minuten köcheln. Guten Appetit!

ANCAS DE RANA FRITAS

Ingredientes:

500 gramos de ancas de rana
4 cucharadas de zumo de limón
2 dientes de ajo machacados
4 cucharadas de aceite
½ cucharadita de sal

Instrucciones:
Prepare un mojo con el ajo machacado, el aceite y el limón. Ponga una sartén con medio litro de aceite a calentar durante 10 minutos. Fría las ancas de rana hasta dorarse. Colóquelas encima de un papel absorbente para recojer la grasa que destilan. Sírvalas echándole por encima el mojo y la sal. ¡Buen provecho!

FRITTIERTE FROSCHSCHENKEL

Zutaten:

500 Gramm Froschschenkel
4 Esslöffel Zitronensaft
2 Knoblauchzehen, zerdrückt
4 Esslöffel Öl
½ Teelöffel Salz

Zubereitung in der Pfanne:
Knoblauch mit Öl und Zitronensaft gut vermischen. Dann die Pfanne mit 0,5 Liter Öl 10 Minuten lang erhitzen; danach die Froschschenkel hineingeben und goldbraun braten. Auf Küchenkrepp das überschüssige Öl abtropfen lassen. Vor dem Servieren mit Salz bestreuen und mit dem Knoblauchöl begießen. Guten Appetit!

COCODRILO GUISADO

Ingredientes:

800 gramos de carne de cocodrilo

4 cucharadas de aceite

¼ de ají pimiento rojo picadito

1 cebolla picadita

¼ de ají pimiento verde picadito

¼ cucharadita de ají picante

4 cucharadas de zumo de limón

1 cucharada de sal

¼ cucharadita de pimienta

0,25 litro de vino blanco

¼ cucharadita de orégano

2 tomates picaditos

2 dientes de ajo picaditos

Instrucciones:
Ponga el aceite a calentar en la olla durante 2 minutos. Sofría la carne cortada en filetes con los ajíes, cebolla y el ajo hasta dorarse. Agregue orégano, pimienta, sal, limón, mantequilla, tomates, ají picante y el vino. Voltée los filetes, tape la olla y cocínelos durante 15 minutos a fuego lento.

KROKODILFILET

Zutaten:

800 Gramm Krokodilfleisch

4 Esslöffel Öl

4 Esslöffel Zitronensaft

1 kleingeschnittene Zwiebel

¼ rote Gemüsepaprika, gewürfelt

¼ Teelöffel scharfer Paprika

¼ grüne Gemüsepaprika, gewürfelt

½ Esslöffel Salz

¼ Teelöffel Pfeffer

0,25 Liter Weißwein

¼ Teelöffel Oregano

2 Tomaten, gewürfelt

2 feingehackte Knoblauchzehen

Zubereitung im Tiegel:
Tiegel mit dem Öl 2 Minuten lang erhitzen. Das filetierte Fleisch mit Gemüsepaprika, Zwiebel und Knoblauch goldbraun anbraten. Alle anderen Zutaten hinzufügen, zuletzt mit dem Weißwein auffüllen. Die Filets wenden, den Tiegel zudecken und 15 Minuten lang auf kleinem Feuer garen.
Guten Appetit!

CASABE

Ingredientes:

Yuca

Instrucciones:

Pele la yuca y lávela con agua fría. Rállela y póngala a escurrir en una coladera. Esprima bien la masa hasta sacarle todo el jugo que posee. Utilice un colador de tela resistente, rellénelo con la yuca rallada. Esprima fuertemente hasta sacarle el resto del jugo que es venenoso, del cual se obtiene el almidón de yuca. Vierta la cantidad de yuca necesaria en un molde redondo de metal, aplastándolo con una espátula de madera y extendiéndolo que quede de un grosor de 3 milímetros y que los bordes queden de 1 centímetro de ancho y de 6 milímetros de grosor para que sea más fuerte y manuable en el sistema de elaboración del casabe. Ponga el molde dentro del horno durante 15 minutos a 150 grados. Saque la torta del horno y déjela enfriar. Dele un rocío de agua con sal y aceite por encima. El casabe se acompaña con carnes, ensaladas y guisos.

KASSABE

Zutaten:

Yukka (Maniokwurzeln)

Zubereitung:

Die Wurzeln schälen und mit kaltem Wasser abwaschen. Fein reiben und im Sieb abtropfen lassen. Dabei gut ausdrücken, bis keine Flüssigkeit mehr austritt. Die Yukka-Masse in ein festes Leinentuch geben, kräftig zusammendrehen und den Rest der Stärkelösung auspressen, die ungenießbar ist und zur Gewinnung von Yukka-stärke verwendet wird. Eine entsprechende Menge der Masse in eine runde Metallform geben und mit einem Holzspatel breit- und flachdrücken bis zu einer Dicke von 3 Millimetern. Am Rand einen 1 Zentimeter breiten Streifen von 6 mm Dicke stehen lassen, Damit der Fladen besser handhabbar wird. Die Form im Ofen 15 Minuten lang bei 150 Grad ausbacken, danach entnehmen und abkühlen lassen. Mit einer Salzwasser-Öl-Emulsion beträufeln. Kassabe wird mit Fleisch, Salaten, Frikassees usw. gereicht.

SALSA DE TOMATE

Ingredientes:

100 gramos de pasta de tomate
¼ cucharadita de pimienta molida
1 cucharadita de limón
20 mililitros de vino tinto
Una pizca de sal
Una pizca de culantro en polvo
1 cucharada de aceite de oliva
50 mililitros de caldo de sustancia

Instrucciones:
Mezcle todos los ingredientes y usted obtendrá una salsa de tomate muy rica la cual puede servirse fría o caliente.

TOMATENSOSSE

Zutaten:

100 Gramm Tomatenmark
¼ Teelöffel Pfeffer, gemahlen
1 Teelöffel Zitronensaft
1 Prise Salz
1 Esslöffel Olivenöl
1 Prise Koriander, gemahlen
50 Milliliter MAGGI-Brühe
20 Milliliter Rotwein

Zubereitung:
Alle Zutaten gut vermischen. Diese schmackhafte Tomatensoße kann kalt oder heiß serviert werden.

SALSA DE VINO BLANCO

Ingredientes:

100 mililitros de vino blanco
¼ cucharadita de sal
0,2 litro de crema de leche
Una pizca de culantro en polvo
Una pizca de pimienta
½ cucharadita de maicena

Instrucciones:
Ponga una sartén al fuego. Eche todos los ingredientes menos el vino y la maicena. Cocínelo durante 3 minutos a fuego lento. Agréguele el vino, y por último, la maicena removiendo bien hasta espesarse. Bájela del fuego y sírvala.

WEISSWEINSOSSE

Zutaten:

0,1 Liter trockener Weißwein
½ Teelöffel Maisstärke
0,2 Liter Sahne (Schmand)
¼ Teelöffel Salz
1 Prise Pfeffer
1 Prise Koriander, gemahlen

Zubereitung in der Pfanne:
In einer Pfanne alle Zutaten außer Weißwein und Maisstärke vermengen, erhitzen und 3 Minuten bei kleiner Hitze köcheln. Mit Weißwein auffüllen, zuletzt die Stärke zugeben und gut verrühren, bis die Soße sämig wird. Vom Herd nehmen und heiß servieren.

SALSA DE VINO TINTO

Ingredientes:

0,2 litros de crema de leche
Una pizca de comino
½ cucharada de pasta de tomate
¼ cucharadita de sal
100 mililitros de vino tinto
Una pizca de orégano
½ cucharadita de maicena

Instrucciones:
Ponga una sartén al fuego, eche todos los ingredientes menos el vino y la maicena. Cocínelo durante 3 minutos a fuego lento. Agregue el vino, y por último, la maicena removiendo bien hasta espesarse. Bájela del fuego y sírvala.

ROTWEINSOSSE

Zutaten:

0,1 Liter trockener Rotwein
1 Prise Kümmel, gemahlen
0,2 Liter Sahne (Schmand)
¼ Teelöffel Salz
½ Telöffel Tomatenmark
1 rise Oregano
½ Teelöffel Maisstärke

Zubereitung in der Pfanne:
In einer Pfanne alle Zutaten außer Weißwein und Maisstärke vermengen, erhitzen und 3 Minuten bei kleiner Hitze köcheln. Mit Weißwein auffüllen, zuletzt die Stärke zugeben und gut verrühren, bis die Soße sämig wird. Vom Herd nehmen und heiß servieren.

SALSA DE LIMÓN

Ingredientes:

0,2 litro de crema de leche
Una pizca de pimienta blanca
¼ cucharadita de sal
8 cucharadas de zumo de limón
½ cucharadita de harina de trigo

Instrucciones:
Ponga la crema de leche en una sartén a calentar, agregue la sal y la pimienta. Remuévala bien y échele el zumo de limón. Diluya la harina en una cucharada de agua. Agréguela a la salsa y remueva con una cuchara de madera durante 3 minutos.

ZITRONENSOSSE

Zutaten:

0,2 Liter Sahne (Schmand)
1 Prise weißer Pfeffer
¼ Teelöffel Salz
8 Esslöffel Zitronensaft
½ Telöffel Weizenmehl

Zubereitung in der Pfanne:
Die Sahne in einer Pfanne erhitzen, salzen und pfeffern. Gut verrühren und den Zitronensaft zugeben. Das Weizenmehl mit einem Esslöffel Wasser verrühren. Zu der Soße hinzugeben und 3 Minuten lang mit einem Holzlöffel gut durchrühren.

SALSA DE NARANJA

Ingredientes:

0,2 litro de zumo de naranja
1 hoja de laurel
100 mililitros de crema de leche
¼ cucharadita de sal
Una pizca de pimienta
Una pizca de nuez moscada
½ cucharadita de harina de trigo
1 centilitro de vino blanco

Instrucciones:
Ponga una olla pequeña a calentar y eche todos los ingredientes menos la harina de trigo. Cocínela durante 3 minutos, diluya la harina en 1 cucharada de agua y agréguela a la salsa. Remueva con una cuchara de madera 2 minutos y bájela del fogón.

ORANGENSOSSE

Zutaten:

0,2 Liter Orangensaft
1 Lorbeerblatt
0,1 Liter Sahne (Schmand)
¼ Teelöffel Salz
1 Prise Pfeffer und Muskatnuss
½ Teelöffel Weizenmehl
10 Milliliter Weißwein

Zubereitung im Tiegel:
In einem kleinen Tiegel alle Zutaten außer dem Mehl erhitzen. 3 Minuten lang unter Rühren köcheln lassen. Das Weizenmehl mit einem Esslöffel Wasser verrühren, zu der Soße hinzugeben und 2 Minuten lang mit einem Holzlöffel gut durchrühren. Vom Herd nehmen und servieren.

SALSA DE CEREZA

Ingredientes:

0,2 litro de zumo de cereza
¼ cucharadita de sal
Una pizca de pimienta
100 mililitros de crema de leche
½ cucharadita de azúcar
½ cucharadita de harina de trigo
Una pizca de culantro en polvo

Instrucciones:
Ponga una olla pequeña a calentar y eche todos los ingredientes menos la harina de trigo. Cocínela durante 3 minutos, diluya la harina en 1 cucharada de agua y agréguela a la salsa. Remueva con una cuchara de madera durante 2 minutos y sírvala.

KIRSCHSOSSE

Zutaten:

0,2 Liter Kirschsaft
¼ Teelöffel Salz
0,1 Liter Sahne (Schmand)
½ Teelöffel Weizenmehl
1 Prise Pfeffer und Koriander, gemahlen
½ Teelöffel Zucker

Zubereitung im Tiegel:
In einem kleinen Tiegel alle Zutaten außer dem Mehl erhitzen. 3 Minuten lang unter Rühren köcheln lassen. Das Weizenmehl mit einem Esslöffel Wasser verrühren, zu der Soße hinzugeben und 2 Minuten lang mit einem Holzlöffel gut durchrühren. Vom Herd nehmen und servieren.

SALSA DE COCO

Instrucciones:

0,2 litro de crema de coco sin azúcar 1 cucharadita de jengibre
Una pizca de nuez moscada
50 mililitros de crema de leche
¼ cucharadita de sal
4 ramitas de culantro
1 cucharadita de vino blanco
½ cucharadita de maicena
1 gota de extracto de anís
¼ cucharadita de ají picante

Instrucciones:
Eche todos los ingredientes menos la maicena en la coctelera y bátalos durante 3 minutos. Eche la mezcla en una olla, diluya la maicena en 1 cucharada de agua y agréguela a la salsa. Cocínela durante 5 minutos a fuego lento.

KOKOS-SOSSE

Zutaten:

0,2 Liter Kokoscreme, ungesüßt
1 Teelöffel frischer Ingwer, gerieben
50 Milliliter Sahne (Schmand)
4 Korianderzweiglein, feingehackt
¼ Teelöffel Salz
½ Teelöffel Maisstärke
1 Esslöffel Weißwein
¼ Teelöffel scharfer Paprika
1 Tropfen Sternanis-Extrakt
1 Prise Muskat

Zubereitung im Tiegel:
Alle Zutaten außer der Maisstärke in einen Mixer geben. 3 Minuten lang durchrühren. In den Tiegel gießen, as Weizenmehl mit einem Esslöffel Wasser verrühren und zu der Soße hinzugeben. Zum Kochen bringen und 5 Minuten lang bei kleiner Hitze köcheln lassen.

SALSA DE MANGO

Ingredientes:

0,2 litro de crema de mango
¼ cucharadita de ají picante en polvo
50 mililitros de crema de leche
Una pizca de pimienta polvo
Una pizca de sal

Instrucciones:
Mezcle todos los ingredientes en la olla y cocínelos durante 5 minutos a fuego lento, removiéndolos con una cuchara de madera. Sirva la salsa caliente o fría.

MANGOSOSSE

Zutaten:

0,2 Liter Mangopüree, ungesüßt
¼ Löffel scharfes Paprikapulver
50 Milliliter Sahne (Schmand)
1 Prise Salz
1 Prise Pfeffer

Zubereitung im Tiegel:
Im Tiegel alle Zutaten gut vermengen, erhitzen und 5 Minuten lang unter Rühren mit einem Holzlöffel bei kleiner Hitze köcheln lassen. Vom Herd nehmen und heiß oder kalt servieren.

SALSA DE AJO

Ingredientes:

10 dientes de ajo
¼ cucharadita de sal
0,2 litro de yogurt natural
¼ cucharadita de pimienta
Una pizca de nuez moscada
1 cucharadita de zumo de limón

Instrucciones:
Coloque todos los ingredientes en la coctelera y bátalos durante 3 minutos. Sírvase frío.

KNOBLAUCHSOSSE

Zutaten:

10 Knoblauchzehen
¼ Teelöffel Salz
0,2 Liter Naturjoghurt
¼ Teelöffel Pfeffer
1 Prise Muskat
1 Teelöffel Zitronensaft

Zubereitung im Tiegel:
Alle Zutaten in einen Mixer geben. 3 Minuten lang durchrühren und kalt servieren.

SALSA DE CEBOLLA

Ingredientes:

50 gramos de mantequilla
2 cebollas picaditas
¼ cucharadita de pimienta
100 mililitros de caldo de sustancia
½ cucharadita de ron Habana Club
½ cucharadita de maicena

Instrucciones:
Fría la cebolla con la mantequilla en una sartén hasta que esté dorada. Bájela del fuego y déjela enfriar. Diluya la maicena en el caldo y coloque todos los ingredientes en la coctelera y bátalos durante 2 minutos. Vierta el contenido en la sartén y cocínelo removiéndolo continuamente hasta que espese.

ZWIEBELSOSSE

Zutaten:

50 Gramm Butter
2 feingehackte Zwiebeln
¼ Teelöffel Pfeffer
0,1 Liter MAGGI-Brühe
½ Teelöffel Rum Havana Club
½ Teelöffel Maisstärke

Zubereitung in der Pfanne:
In einer Pfanne die Zwiebeln in der Butter goldgelb anrösten. Vom Herd nehmen und abkühlen lassen. Die Maisstärke in der MAGGI-Brühe anrühren, Alle Zutaten in einen Mixer geben und 2 Minuten lang durchrühren. Die Soße wieder in die Pfanne gießen und unter ständigem Umrühren köcheln und eindicken lassen.

GRILLSOSSE

Zutaten:

100 Gramm Zucker
¼ Teelöffel scharfer Paprika
0,2 Liter Rotwein
1 Prise Pfeffer
100 Gramm Tomatenmark
1 Prise Salz

Zubereitung in der Pfanne:
Alle Zutaten in einen Mixer geben und 5 Minuten lang durchrühren. In eine Pfanne gießen, erhitzen und 4 Minuten köcheln lassen. Heiß oder kalt servieren.

SALSA BARBACOA

Ingredientes:

100 gramos de azúcar
¼ cucharadita de ají picante
0,2 litro de vino tinto
Una pizca de pimienta
100 gramos de pasta de tomate
Una pizca de sal
2 cucharaditas de salsa china (soya)

Instrucciones:
Ponga todos los ingredientes en la coctelera y bátalos durante 5 minutos.
Vierta la salsa en una sartén y cocínela durante 4 minutos. Sírvala caliente o fría.

SALSA VERDE

Ingredientes:

4 cucharaditas de hojitas de romerillo

2 cucharadas de mantequilla

100 mililitros de crema de leche

4 cucharadas de alcaparras

Una pizca de pimienta

1 cucharada de zumo de limón

¼ cucharadita de sal

1 manojo de perejil

20 mililitros de vino blanco

Instrucciones:
Eche todos los ingredientes en la coctelera y bátalos durante 5 minutos. Viértalo en la sartén y cocínelo durante 4 minutos.

GRÜNE SOSSE

Zutaten:

4 Teelöffel frische Rosmarinblätter

2 Esslöffel Butter

4 Esslöffel Kapern

0,1 Liter Sahne (Schmand)

1 Esslöffel Zitronensaft

1 Prise Pfeffer

1 Handvoll Petersilie

20 Milliliter Weißwein

¼ Teelöffel Salz

Zubereitung in der Pfanne:
Alle Zutaten in einen Mixer geben und 5 Minuten lang durchrühren. In eine Pfanne gießen, erhitzen und 4 Minuten köcheln lassen.

DE QUESO

Ingredientes:

100 gramos de queso rallado

100 mililitros de crema de leche

100 mililitros de caldo de pollo

2 huevos hervidos

50 gramos de masa de pan

¼ cucharadita de sal

½ cucharadita de ají picante

20 mililitros de vino blanco

Una pizca de pimienta

¼ de ají pimiento picadito

Instrucciones:
Eche todos los ingredientes en la coctelera y bátalos durante 5 minutos. Sírvalo frío.

SCHARFE KÄSESOSSE

Zutaten:

100 Gramm geriebener Käse

0,1 Liter Sahne (Schmand)

0,1 Liter Hühnerbrühe

2 hartgekochte Eier

50 Gramm Brotteig

¼ Teelöffel Salz

½ Teelöffel scharfer Paprika

20 Milliliter Rotwein

1 Prise Pfeffer

¼ Gemüsepaprika, gewürfelt

Zubereitung:
Alle Zutaten in einen Mixer geben und 5 Minuten lang durchrühren. Kalt servieren.

SALSA PICANTE

Ingredientes:

1	*ají rojo*
2	*cucharaditas de ají picante*
¼	*cucharadita de pimienta en polvo*
1	*diente de ajo*
2	*tomates de ensalada*
1	*cucharada de pasta de tomate*
2	*cucharadas de aceite de oliva*
¼	*cucharadita de sal*
2	*ramitas de culantro*

Instrucciones:

Corte el ají y los tomates en trozos. Póngalos dentro de la coctelera con los demás ingredientes y bátalos durante 5 minutos. Cocínelo en una olla durante 4 minutos. Sírvalo caliente o frío.

SCHARFE SOSSE

Zutaten:

1	*rote Gemüsepaprika*
2	*Teelöffel scharfer Paprika*
¼	*Teelöffel Pfeffer, gemahlen*
1	*Knoblauchzehe*
1	*Esslöffel Tomatenmark*
2	*Salattomaten*
2	*Korianderzweiglein, feingehackt*
2	*Esslöffel Olivenöl*
¼	*Teelöffel Salz*

Zubereitung im Tiegel:

Die Gemüsepaprika und die Tomaten klein schneiden und zusammen mit den anderen Zutaten in einen Mixer geben. 5 Minuten lang durchrühren. In den Tiegel gießen, erhitzen und 4 Minuten köcheln lassen. Je nach Wunsch heiß oder kalt servieren.

SALSA DE TAMARINDO

Ingredientes:

50	*gramos de pulpa de tamarindo*
50	*gramos de miel*
4	*tomates*
½	*cucharadita de ají picante*
	Una pizca de pimienta
	Una pizca de sal
8	*cucharadas de agua*
1	*cucharada de jengibre picadito*

Instrucciones:

Eche todos lo ingredientes en la coctelera y bátalos durante 5 minutos. La salsa se puede servir fría o caliente.

TAMARINDENSOSSE

Zutaten:

50	*Gramm Tamarindenmark*
50	*Gramm Honig*
4	*Tomaten*
½	*Teelöffel scharfer Paprika*
1	*Prise Pfeffer*
1	*Prise Salz*
8	*Esslöffel Wasser*
1	*Esslöffel frischer Ingwer, feingehackt*

Zubereitung:

Alle Zutaten in einen Mixer geben.
5 Minuten lang durchrühren. Entweder kalt servieren oder in der Pfanne 3 Minuten lang bei kleiner Hitze köcheln lassen.

MOJITO-SOSSE

Zutaten:

4 Knoblauchzehen
2 Esslöffel Zitronensaft
2 Esslöffel Butter oder
4 Esslöffel Öl
2 Esslöffel Bitterorangen-Saft

Zubereitung in der Pfanne:
Die Pfanne mit Butter oder Öl 5 Minuten lang erhitzen, dann vom Herd nehmen. Den sehr fein gehackten Knoblauch hineingeben, wieder erhitzen und unter Rühren goldgelb anrösten, dann mit dem Bitterorangen- und Zitronensaft ablöschen, aufkochen lassen und vom Herd nehmen.

SALSA MOJITO

Ingredientes:

4 dientes de ajo
2 cucharadas de manteca o
4 cucharadas de aceite
2 cucharadas de zumo de naranja agria
2 cucharadas de zumo de limón

Instrucciones en sarten:
Ponga una sartén al fuego con el aceite o manteca a calentar durante 5 minutos. Bájelo del fuego. Échele los 4 dientes de ajo bien picaditos, remuévalo y cuando estén doraditos agréguele el zumo de limón y el de la naranja agria.

SALSA DE MOSTAZA Y ENELDO

Ingredientes:

200 gramos de mostaza
0,1 litro de aceite de oliva
1 pizca de pimienta
1 pizca de sal
2 cucharaditas eneldo
50 gramos de miel de abeja

Instrucciones:
Eche todos lo ingredientes en la coctelera y bátalos durante 5 minutos.
Se sirve fría, especialmente para ensaladas.

SENF-DILL-SOSSE

Zutaten:

200 Gramm Senf
0,1 Liter Ölivenöl
1 Prise Pfeffer
1 Prise Salz
2 Teelöffel Dill
50 Gramm Honig

Zubereitung:
Alle Zutaten in einen Mixer geben. 5 Minuten lang durchrühren.
Entweder Kalt servieren, besonders zu Salaten.

SALSA TROPICAL

Ingredientes:

6 *cucharadas de salsa mayonesa*
¼ *cucharadita de sal*
¼ *cucharadita de pimienta blanca*
8 *cucharadas de pasta de tomate*
4 *cucharadas de zumo de limón*
¼ *cucharadita de ají picante*
20 *mililitros de ron Habana Club*

Instrucciones:
Eche todos los ingredientes en un recipiente y bátalos con la escobilla de cocina durante 2 minutos. Sírvala fría.

TROPISCHE SOSSE

Zutaten:

6 *Esslöffel Mayonnaise*
¼ *Teelöffel Salz*
¼ *Teelöffel weißer Pfeffer*
8 *Esslöffel Tomatenmark*
4 *Esslöffel Zitronensaft*
¼ *Teelöffel scharfer Paprika*
20 *Milliliter Rum Havana Club*

Zubereitung:
Alle Zutaten in ein Gefäß geben und mit dem Schneebesen 2 Minuten lang kräftig durchschlagen. Kalt servieren.

SALSA DE ALMENDRA

Ingredientes:

8 *cucharadas de almendra en polvo*
100 *gramos de crema de leche*
¼ *de ají pimiento rojo*
¼ *cucharadita de pimienta en polvo*
Una pizca de comino
¼ *cucharadita de sal*
2 *cucharadas de vino blanco*
1 *ramita de perejil*

Instrucciones:
Eche todos lo ingredientes en la coctelera y bátalos durante 4 minutos. Eche la salsa en una olla y cocínela a fuego lento durante 4 minutos. Remuévala durante este tiempo con una cuchara de madera.

MANDELSOSSE

Zutaten:

8 *Esslöffel geriebene Mandeln*
100 *Gramm Sahne (Schmand)*
¼ *Teelöffel gemahlener Pfeffer*
¼ *rote Gemüsepaprika*
8 *Esslöffel Weißwein*
1 *Prise Kümmel, gemahlen,*
¼ *Teelöffel Salz*
1 *Petersilienzweig*

Zubereitung:
Alle Zutaten in einen Mixer geben. 4 Minuten lang durchrühren. In einen Topf geben, erhitzen und 4 Minuten lang bei kleiner Hitze köcheln lassen. Währenddessen mit einem Holzlöffel ständig umrühren.

AJIACO CRIOLLO

Ingredientes:

200 gramos de carne de res
2 paticas de cerdo
200 gramos de carne de cerdo
200 gramos de pollo
100 gramos de yuca
1 plátano verde
100 gramos de malanga
1 plátano maduro
50 gramos de calabaza
100 gramos de papas
200 gramos de boniato
1 mazorca de maíz tierno
Una pizca de azafrán
1 cebolla picadita
100 gramos de ñame
½ ají pimiento rojo picadito
4 tomates picaditos
2 ramitas de culantro picadito
1½ cucharada de sal
4 granos de pimienta
1 hoja de laurel
Una pizca de nuez moscada
4 litros de agua
4 dientes de ajo picadito
1 ramita de perejil picadito
4 cucharadas de aceite de oliva

Instrucciones:
Corte las carnes en trocitos, las paticas de cerdo y el pollo en 2 partes. Ponga el aceite en la olla y caliente durante 4 minutos. Eche las carnes, el pollo y las paticas de cerdo, junto con todas las especies. Sofría removiendo durante 3 minutos. Échele 2 litros de agua y cocínelo durante 45 minutos. Pele las viandas y el maíz. Córtelo todo en trozos y agrégueselo al caldo. Remuévalo bien y échele el resto del agua con la sal. Cocínelo durante 45 minutos a fuego lento. Durante el tiempo de cocción debe removerlo cada 15 minutos. Sírvalo en cazuela.

KREOLISCHER FLEISCHTOPF

Zutaten:

200 Gramm Rindfleisch
2 Spitzbeine vom Schwein
200 Gramm Schweinefleisch
200 Gramm Hühnerfleisch
100 Gramm Yukka
1 Kochbanane-grün
100 Gramm Malanga
1 Kochbanane-reif
50 Gramm Kürbis
100 Gramm Kartoffel
200 Gramm Süßkartoffel
1 Maiskolben, reif
1 Prise Safran
1 zerkleinerte Zwiebel
100 Gramm Yamswurzel
½ rote Chilischote
4 gewürfelte Tomaten
2 Stengel Kerbel
1½ Esslöffel Salz
4 Pfefferkörner
1 Lorbeerblatt eine
1 Prise Muskatnuss
4 Liter Wasser
4 Knoblauchzehen
1 Stengel Petersilie
4 Esslöffel Olivenöl

Zubereitung:

Das Fleisch in Stücke schneiden, die Spitzbeine und das Huhn in 2 Hälften. Das Öl in einem großen Topf 4 Minuten erhitzen. Das Fleisch, die Spitzbeine und das Huhn zusammen mit allen Gewürzen dazugeben. 3 Minuten anbraten und dabei umrühren. 2 Liter Wasser aufgießen und 45 Minuten kochen lassen. Gemüse und Mais schälen, in Stücke schneiden und in die Suppe geben. Gut umrühren und den Rest des Wassers mit Salz dazugeben. Weitere 45 Minuten auf kleinem Feuer kochen lassen. Alle 15 Minuten umrühren. Im Topf servieren.

SOPA DE AJO

Ingredientes:

- 8 dientes de ajo machacado
- ¼ cucharadita de pimentón en polvo
- ½ cucharadita de azafrán
- 1 cucharadita de sal
- 2 cucharadas de aceite de oliva
- 4 tostadas de pan cortadas en cuadritos
- 1 ramita de hierbabuena o menta
- ½ litro de agua

Instrucciones:
Ponga el aceite a calentar en la olla. Sofría el ajo durante un minuto, agréguele el pan para que absorba la grasa y luego los demás ingredientes. Tape la olla y cocínelo durante 20 minutos a fuego lento.

KNOBLAUCHSUPPE

Zutaten:

- 8 zudrückte Knoblauchzehen
- ¼ Teelöffel Paprikapulver
- ½ Teelöffel Safran
- 2 Esslöffel Olivenöl
- 1 Teelöffel Salz
- 1 Stengel Pfefferminze
- 4 Scheiben Toastbrot, gewürfelt
- ½ Liter Wasser

Zubereitung:
In einem Topf das Öl erhitzen. Den Knoblauch eine Minute anschwitzen, das Brot dazugeben, damit es das Öl aufnimmt, dann die anderen Zutaten. Den Topf schließen und 20 Minuten auf kleiner Flamme kochen.

COCIDO DE GARBANZOS

Ingredientes:

200 gramos de garbanzos puestos en remojo el día anterior
250 gramos de carne de res
250 gramos de carne de cerdo
1 hueso de jamón
200 gramos de papas
4 chorizos en rodajas
1 cebolla picadita
½ ají pimiento rojo picadito
1 cucharada de sal
2 tomates picaditos
50 gramos de tocino picadito
2 dientes de ajo machacados
1 hoja de laurel

Intrucciones:
Ponga a cocinar los garbanzos con el laurel y el hueso de jamón en 4 litros de agua hasta ablandarse, no debe gastarse el agua, pues no todos los garbanzos tienen la misma consistencia. Cuando estén blanditos deben quedar 2 litros de líquido en la olla. Corte las carnes en trozos. Ponga una sartén a calentar y añada los chorizos y el tocino, hasta dorarse. Agregue la cebolla, ají, sal y ajo. Sofría 2 minutos, échele el tomate picadito y las carnes. Remuévalo. Tape la sartén y cocínelo a fuego lento 10 minutos antes de echárselo a los garbanzos. Tape la olla y cocínelo durante 25 minutos a fuego lento. ¡Buen provecho!

KICHERERPSENEINTOPF

Zutaten:

200 Gramm Kichererbsen, einen Tag in Wasser eingeweicht
250 Gramm Rindfleisch
250 Gramm Schweinefleisch
1 Fleischknochen
200 Gramm Kartoffeln
4 Paprikawürste
1 zerkleinerte Zwiebel
½ rote Gemüsepaprika, gewürfelt
1 Esslöffel Salz
2 gewürfelte Tomaten
50 Gramm gewürfelter Speck
2 zerdrückte Knoblauchzehen
1 Lorbeerblatt

Zubereitung:
Die Kichererbsen mit dem Lorbeerblatt und dem Fleischknochen in 4 Litern Wasser weich kochen. Darauf achten, dass das Wasser nicht verkocht (nicht alle Kichererbsen haben dieselbe Konsistenz). Sind die Kichererbsen weich, müssen noch 2 Liter Flüssigkeit im Topf verbleiben. Das Fleisch in Würfel schneiden. In einer Pfanne die in Scheiben geschnittenen Paprikawürste mit dem Speck anbraten. Zwiebel, Knoblauch, Salz und Paprika dazugeben. 2Minuten braten lassen, Tomate und Fleisch dazugeben. Alles umrühren. Die Pfanne abdecken, 10 Minuten auf kleinem Feuer kochen. Alles zu den Kichererbsen geben. Topf schließen, 25 Minuten auf kleinem Feuer kochen.
Guten Appetit!

CALDO DE GALLINA

Ingredientes:

500	*gramos de gallina*
3	*litros de agua*
1	*cebolla picadita*
1	*cucharadita de comino*
1	*cucharada de sal*
¼	*cucharadita de azafrán*
1	*ají pimiento picadito*
2	*tomates picaditos*
3	*ramitas de culantro picaditas*
2	*ramitas de perejil picaditas*
2	*cucharadas de aceite de oliva*

Instrucciones:
Ponga el aceite a calentar en la olla durante 4 minutos. Échele todos los ingredientes menos el agua y sofríalos durante 5 minutos a medio fuego, removiendo constantemente. Agréguele el agua. Tape la olla, súbale el fuego y cocínelo durante 20 minutos. Este caldo es para su uso en la cocina, en cualquier tipo de comida.

HÜHNERBRÜHE

Zutaten:

500	*Gramm Huhn*
3	*Liter Wasser*
1	*gewürfelte Zwiebel*
1	*Teelöffel Kümmel*
1	*Esslöffel Salz*
¼	*Teelöffel Safran*
1	*gewürfelte Paprika*
2	*gewürfelte Tomaten*
3	*Stengel Kerbel*
2	*Stengel Petersilie*
2	*Esslöffel Olivenöl*

Zubereitung:
Das Öl in einem Topf 4 Minuten erhitzen. Alle Zutaten außer dem Wasser dazugeben und 5 Minuten auf kleinem Feuer anschwitzen, ständig umrühren. Wasser zugeben. Topf schließen, das Feuer erhöhen und 20 Minuten kochen. Diese Suppe ist ein Grundrezept in der Küche und kann für jedes Gericht verwendet werden.

SOPA DE CEBOLLA

Ingredientes:

4 cebollas cortadas en ruedas

2 cucharadas de mantequilla

4 cucharadas de queso parmesano

2 cucharaditas de cebollín picadito

100 gramos de crema de leche

1 ramita de perejil picada

4 tostadas de pan en cuadritos

½ litro de caldo de res

Instrucciones:
Ponga a calentar la olla con la mantequilla y dore las cebollas ligeramente a fuego lento, añada el caldo de res, el perejil y el queso. Cocínelo 10 minutos y mientras, corte el cebollín en trozos muy pequeños. Baje la olla, agréguele la crema de leche y remuévalo bien. Sírvalo echándole el pan por encima y luego los trozos de cebollín.

¡Buen provecho!

ZWIEBELSUPPE

Zutaten:

4 in Scheiben geschnittene Zwiebeln

2 Esslöffel Butter

4 Esslöffel Parmesankäse

2 Teelöffel zerkleinerte

0,5 Liter Rinderbrühe

Lauchzwiebel

100 Gramm Sahne

Petersilie

4 in Würfel geschnittene Toastscheiben

Zubereitung:
Die Butter im Topf erhitzen, Zwiebel auf kleiner Flamme anschwitzen. Petersilie und Parmesan dazugeben. 10 Minuten kochen. Topf vom Feuer nehmen, Sahne zugeben, gut umrühren. Vor dem Servieren Toastbrotwürfel daraufgeben.

Guten Appetit!

SOPA DE PESCADO Y MARISCOS

Ingredientes:

1	*trucha de 500 gramos*
100	*gramos de camarones*
2	*ramitas de perejil picadito*
100	*gramos de masa de cangrejo*
¼	*cucharadita de pimienta*
100	*gramos de calamares*
1	*hojita de laurel*
200	*gramos de almejas*
50	*gramos de pasta de tomate*
1	*cucharada de sal*
¼	*cucharadita de azafrán*
2	*litros de agua*
1	*diente de ajo picadito*
¼	*cucharadita de comino*
1	*cebolla cortada en ruedas finas*
2	*cucharadas de zumo de limón*
4	*cucharadas de aceite de oliva*
50	*mililitros de vino blanco*

Instrucciones:
Ponga a cocinar la trucha y las almejas en los 2 litros de agua durante 30 minutos. Baje la olla del fuego. Saque la trucha, quítele la cabeza y las espinas y tírelas. Pase el caldo por una coladera; agréguele las masas del pescado y las almejas. Ponga una sartén con el aceite a calentar durante 4 minutos. Sofría los mariscos junto con la cebolla, ajo, comino, laurel, pimienta, perejil y la sal, a fuego lento durante 5 minutos. Bájelo del fuego y échelo en la olla junto con el caldo. Agregue la pasta de tomate, azafrán, zumo de limón y el vino. Remuévalo bien y cocínelo durante 10 minutos con la olla tapada a fuego lento. ¡Buen provecho!

FISCHSUPPE MIT MEERESFRÜCHTEN

Zutaten:

1	*Forelle (500 Gramm)*
100	*Gramm Garnelen*
	Petersilie
100	*Gramm Krebsfleisch*
¼	*Teelöffel Pfeffer*
100	*Gramm Tintenfisch*
1	*Lobeerblatt*
200	*Gramm Muscheln*
50	*Gramm Tomatenmark*
1	*Esslöffel Salz*
¼	*Teelöffel Safran*
2	*Liter Wasser*
1	*zerkleinerte Knoblauchzehe*
¼	*Teelöffel Kümmel*
1	*in dünne Scheiben geschnittene Zwiebel*
2	*Esslöffel Zitronensaft*
50	*Milliliter Weißwein*
4	*Esslöffel Olivenöl*

Zubereitung:
Forelle und Muscheln in 2 Litern Wasser 30 Minuten kochen. Topf vom Feuer nehmen. Forelle raus nehmen; Kopf und Gräten entfernen. Suppe durch ein Sieb seien, Fischstücke und Muscheln zugeben. Öl in einer Pfanne erhitzen. Die Meeresfrüchte zusammen mit Zwiebel, Knoblauch, Kümmel, Lorbeerblatt, Pfeffer, Petersilie und Salz 5 Minuten anbraten. Vom Feuer nehmen und alles in die Suppe geben. Tomatenmark, Safran, Zitronensaft und Wein dazugeben. Gut umrühren, Topf schließen und 10 Minuten auf kleiner Flamme kochen.
Guten Appetit!

SOPA DE POLLO

Ingredientes:

500 gramos de pollo
1 hojita de laurel
1 cucharada de sal
1 tomate natural picadito
½ ají pimiento verde picadito
1 cebolla picadita
200 gramos de papa cortada en trozos
50 gramos de fideos
2 litros de agua
2 dientes de ajo picaditos
3 cucharadas de pasta de tomate
½ cucharadita de comino en polvo
3 cucharadas de aceite de oliva

Instrucciones:
Ponga la olla con el aceite a calentar. Échele el pollo cortado en trozos, junto con el tomate, cebolla, ají, comino ajo y pasta de tomate. Sofríalo durante 5 minutos. Agregue el agua, laurel, sal y las papas. Remueva bien. Tape la olla y cocínelo durante 35 minutos. Añada los fideos y déjelo a fuego lento durante 5 minutos más. ¡Buen apetito!

HUEHNERSUPPE

Zutaten:

500 Gramm Huhn
1 Lorbeerblatt
1 Esslöffel Salz
1 gewürfelte Tomate
½ grüne gewürfelte Paprika
1 gewürfelte Zwiebel
200 Gramm gewürfelte Kartoffel
50 Gramm Fadennudeln
2 zerkleinerte Knoblauchzehen
2 Liter Wasser
½ Teelöffel Kümmelpulver
3 Esslöffel Tomatenmark
3 Esslöffel Olivenöl

Zubereitung:
Öl im Topf erhitzen. Das in Stücke geschnittene Huhn mit Tomate, Zwiebel, Knoblauch, Paprika, Kümmel und Tomatenmark dazugeben. Wasser, Lorbeerblatt, Salz und Kartoffeln zugeben. Gut umrühren. Topf schließen und 35 Minuten kochen. Nudeln zugeben, 5 Minuten weiter kochen.
Guten Appetit!

SOPON DE ARROZ

Ingredientes:

500 gramos de pollo
50 gramos de arroz
½ ají pimiento picadito
½ cebolla picadita
2 dientes de ajo picaditos
100 gramos de pasta de tomate
Una pizca de pimienta
1 hojita de laurel
½ cucharada de sal
Una pizca de pimentón
1,5 litro de agua
2 cucharadas de aceite

Instrucciones:
Ponga el aceite a calentar en la olla durante 3 minutos. Échele el pollo y sofríalo durante 2 minutos. Agregue ají, cebolla, ajo, sal, pimienta y pimentón, y remuévalo durante 3 minutos. Añádale el agua con la pasta de tomate y la hojita de laurel y cocínelo durante 20 minutos. Échele el arroz y tape la olla. Déjelo 20 minutos más a fuego lento. ¡Buen provecho!

REISEINTOPF

Zutaten:

500 Gramm Hühnerfleisch
50 Gramm Reis
½ gewürfelte Paprika
½ zerkleinerte Zwiebel
2 zerkleinerte Knoblauchzehen
100 Gramm Tomatenmark
1 Prise Pfeffer
1 Lorbeerblatt
½ Esslöffel Salz
1 Prise Paprikapulver
1,5 Liter Wasser
2 Esslöffel Öl

Zubereitung:
Öl im Topf 3 Minuten erhitzen. Huhn dazugeben und 2 Minuten anbraten. Paprika, Zwiebel, Knoblauch, Salz, Pfeffer, Paprikapulver dazugeben und 3 Minuten umrühren. Wasser zugießen, Tomatenmark und Lorbeerblatt zugeben, 20 Minuten kochen. Reis zugeben. Topf schließen und 20 Minuten auf kleiner Flamme weiter kochen.
Guten Appetit!

SOPA DE TOMATE

Ingredientes:

½ litro de jugo de tomate

½ cucharadita de pimienta molida

½ cucharadita de sal

Una pizca de albahaca molida

1 cucharada de mantequilla

4 cucharadas de crema de leche

Instrucciones:
Cocine en una olla todos los ingredientes menos la crema de leche, durante 10 minutos. Remuévalo y sírvalo derramando en el centro del plato una cucharada de crema de leche.

TOMATENSUPPE

Zutaten:

0,5 Liter Tomatensaft

½ Teelöffel gemahlener Pfeffer

½ Teelöffel Salz eine Prise Basilikumpulver

1 Esslöffel Butter

4 Esslöffel Sahne

Zubereitung:
Alle Zutaten außer der Sahne in einem Topf 10 Minuten kochen lassen. Umrühren und beim Servieren 1 Esslöffel Sahne auf jeden Teller geben.

SOPA DE GALLINA

Ingredientes:

500 gramos de gallina
200 gramos de papa
½ ají pimiento picadito
2 dientes de ajo
2 ramitas de cebollín
2 tomates picaditos
½ cucharada de sal
Una pizca de pimienta
2 ramitas de culantro picadito
50 gramos de fideos
2 cucharadas de aceite

Instrucciones:
Cocine la gallina -cortada en trozos- en 4 litros de agua durante 40 minutos. Ponga a calentar el aceite en una sartén y eche los tomates, el cebollín, el culantro, la pimienta, el ajo y la sal. Sofría durante 5 minutos. Agrégueselo al caldo con gallina. Añada las papas y remueva. Cocínelo durante 25 minutos a fuego lento. Agregue los fideos y espere 5 minutos para bajarlo del fuego. ¡Buen apetito!

HÜHNEREINTOPF

Zutaten:

500 Gramm Suppenhuhn
200 Gramm Kartoffeln
½ zerkleinerte Paprika
2 Knoblauchzehen
2 Stangen Lauchzwiebeln
2 zerkleinerte Tomaten
½ Esslöffel Salz
1 Prise Pfeffer
2 Stengel Rosmarin
50 Gramm Fadennudeln
2 Esslöffel Öl

Zubereitung:
In Stücke geschnittenes Suppenhuhn in 4 Litern Wasser 40 Minuten kochen. In einer Pfanne das Öl erhitzen. Die Tomaten, Zwiebeln, Rosmarin, Pfeffer, Paprika und Salz zugeben. 5 Minuten kochen lassen. Alles in den Hühnertopf geben. Kartoffeln zugeben und umrühren. 25 Minuten auf kleinem Feuer kochen. Fadennudeln zugeben und weitere 5 Minuten kochen. Guten Appetit!

POTAJE DE FRIJOLES NEGROS

Ingredientes:

- *250 gramos de frijoles negros remojado desde el día antes*
- *4 chorizos*
- *2 paticas de cerdo cortadas en 2 partes*
- *½ cebolla picadita*
- *½ cucharadita de sal*
- *½ hoja de laurel*
- *½ ají pimiento picadito*
- *½ cucharadita de comino*
- *200 gramos de papas en trozos*
- *2 dientes de ajo picadito*
- *2 ramitas de culantro picadito*
- *1 cucharada de zumo de limón*
- *50 gramos de pasta de tomate*

Instrucciones:
Cocine los frijoles con la hoja de laurel y las paticas de cerdo en 4 litros de agua, hasta que se ablanden, cuidando de que no se gaste el agua, pues todos los frijoles no tienen la misma consistencia. Cuando estén blanditos deben quedar unos 2 litros de líquido en la olla. Ponga una sartén a calentar y dore los chorizos cortados en ruedas, hasta que hayan soltado su propia grasa. Agréguele ají, cebolla, comino, sal, culantro, ajo y pasta de tomate. Sofría todo durante 5 minutos. Añádalo a los frijoles y por último eche las papas. Tape la olla y cocínelo durante 20 minutos a fuego lento. Sírvalo y póngale su punto de limón. ¡Buen provecho!

SCHWARZE BOHNEN EINTOPF

Zutaten :

- *250 Gramm schwarze Bohnen; einen Tag vorher eingeweicht*
- *4 Paprikawürste*
- *2 Spitzbeine vom Schwein,*
- *2 zerkleinerte Knoblauchzehen*
- *½ zerkleinerte Zwiebel*
- *½ Teelöffel Salz*
- *½ Lorbeerblatt*
- *½ zerkleinerte Paprika*
- *½ Teelöffel Kümmel*
- *200 Gramm gewürfelte Kartoffel*
- *2 Stengel Rosmarin*
- *1 Prise Zucker*
- *1 Esslöffel Zitronensaft*
- *50 Gramm Tomatenmark*

Zubereitung:
Die Bohnen mit dem Lorbeerblatt und den Spitzbeinen in 4 Litern Wasser bis zum weich werden kochen. Darauf achten, dass sich nicht das gesamte Wasser verbraucht (die Bohnen sind nicht immer von gleicher Beschaffenheit). Sind die Bohnen weich, müssen 2 Liter Wasser im Topf verbleiben. In einer Pfanne die in Scheiben geschnittenen Chorizos erhitzen, bis ihr Eigenfett austritt. Paprika, Zwiebel, Kümmel Salz, Rosmarin, Knoblauch und Tomatenmark dazugeben. Alles 5 Minuten braten und zu den Bohnen geben. Zuletzt die Kartoffeln zugeben. Topf schließen und 20 Minuten auf kleiner Flamme kochen. Beim servieren einen Spritzer Zitrone geben. Guten Appetit!

POTAJE DE LENTEJAS

Ingredientes:

250	*gramos de lentejas*
250	*gramos de papas*
4	*salchichas*
2	*ramitas de culantro*
1	*diente de ajo*
½	*ají pimiento rojo picadito*
¼	*cucharadita de pimienta*
1	*cucharada de sal*
100	*gramos de tocino picadito*
2	*cucharadas de aceite de oliva*

Instrucciones:
Cocine las lentejas en 4 litros de agua hasta ablandarse, cuidando de que no se gaste el agua, pues no todas las lentejas tienen la misma consistencia. Cuando estén blanditas deben quedar 2 litros de líquido en la olla. Caliente aceite en una sartén, y dore el tocino y las salchichas rebanadas. Agregue el ají, culantro, pimienta, sal y ajo. Sofríalo todo durante 3 minutos. Añádalo a las lentejas y por último eche las papas. Tape la olla y cocínelo durante 20 minutos a fuego lento. ¡Buen provecho!.

LINSENEINTOPF

Zutaten:

250	Gramm Linsen
250	Gramm Kartoffeln
4	Würstchen
2	Stengel Rosmarin
1	Knoblauchzehe
½	zerkleinerte rote Paprika
¼	Teelöffel Pfeffer
1	Esslöffel Salz
100	Gramm gewürfelter Speck
2	Esslöffel Olivenöl

Zubereitung:
Die Linsen in 4 Litern Wasser kochen bis sie weich sind, darauf achten, dass das Wasser nicht verkocht (die Linsen sind nicht immer von gleicher Beschaffenheit). Wenn die Linsen weich sind, sollten 2 Liter Wasser im Topf verbleiben. In einer Pfanne das Öl erhitzen, den Speck und die geschnittenen Würste anbraten. Paprika, Rosmarin, Pfeffer, Salz und Knoblauch dazugeben und 3 Minuten anbraten. Alles zu den Linsen geben. Zum Schluss auch Kartoffeln zugeben. Topf schließen und 20 Minuten auf kleiner Flamme kochen. Guten Appetit!

POTAJE DE JUDIAS

Ingredientes:

200 gramos de judías puestas en remojo el día anterior

200 gramos de masa de pollo

2 chorizos

100 gramos de jamón en trocitos

100 gramos de papas en trozos

½ cucharadita de sal

½ ají pimiento rojo

2 ramitas de cebollín picadito

2 ramitas de perejil picadito

Instrucciones:

Ponga a cocinar las judías en 4 litros de agua hasta ablandarse, cuide que no se gaste el agua, pues no todas las judías tienen la misma consistencia. Cuando estén blanditas deben quedar 2 litros de líquido en la olla. Ponga una sartén a calentar, y eche los chorizos cortados en ruedas, el tocino y la masa de pollo. Sofríalo en su propia grasa hasta dorarse. Añada el ají, cebollín, perejil y la sal. Remuévalo 2 minutos y échelo a las judías. Tape la olla y cocínelo durante 20 minutos a fuego lento. ¡Buen apetito!

WEISSE BOHNEN EINTOPF

Zutaten:

200 Gramm weiße Bohnen; einen Tag vorher eingeweicht

200 Gramm Hühnerfleisch

2 Paprikawürste

100 Gramm Schinken

100 Gramm gewürfelte Kartoffeln

½ Teelöffel Salz

½ rote Paprika

2 zerkleinerte Lauchzwiebeln

2 Stengel zerkleinerte Petersilie

Zubereitung:

Weiße Bohnen in 4 Liter Wasser weichkochen. Darauf achten, dass das Wasser nicht verkocht (die weißen Bohnen sind nicht immer von gleicher Beschaffenheit). Wenn die Bohnen weich sind, müssen 2 Liter Wasser im Topf verbleiben. In einer Pfanne in Scheiben geschnittene Paprikawürste, Speck und Hühnerstücke im eigenen Fett anbraten. Paprika, Zwiebeln, Petersilie und Salz dazugeben. 2 Minuten umrühren. Alles zu den weißen Bohnen geben. Topf schließen und 20 Minuten auf kleinem Feuer kochen. Guten Appetit!

FRIJOLES COLORADOS

Ingredientes:

- *250 gramos de frijoles colorados remojado desde el día anterior*
- *200 gramos de papas*
- *½ ají pimiento verde picadito*
- *200 gramos de carne de cerdo*
- *4 salchichas*
- *½ cebolla picadita*
- *2 cucharadas de pasta de tomate*
- *2 cucharadas de aceite de oliva*
- *½ hoja de laurel*
- *1 cucharada de salsa china (soya)*
- *1 cucharadita de sal*
- *½ cucharadita de comino*
- *½ cucharadita de orégano*
- *1 cucharada de vinagre*

Instrucciones:

Ponga a cocinar los frijoles con el laurel en 4 litros de agua hasta ablandarse, cuidando de que no se gaste el agua, pues no todos los frijoles tienen la misma consistencia. Cuando estén blanditos deben quedar 2 litros de líquido en la olla. Caliente aceite en una sartén y sofría durante 5 minutos las salchichas cortadas en ruedas, la carne de cerdo en trozos, ají, culantro, comino, cebolla, orégano y la sal. Agregue salsa china, vinagre, papas y la pasta de tomate. Remuévalo y añádalo a los frijoles. Tape la olla y cocínelo a fuego lento 30 minutos. ¡Buen provecho!

ROTE BOHNENEINTOPF

Zutaten:

- *250 Gramm rote Bohnen, einen Tag vorher eingeweicht*
- *200 Gramm Kartoffel*
- *½ gewürfelte grüne Paprika*
- *4 Würstchen*
- *200 Gramm Schweinefleisch*
- *2 Esslöffel Tomatenmark*
- *½ zerkleinerte Zwiebel*
- *½ Lorbeerblatt*
- *2 Esslöffel Olivenöl*
- *1 Teelöffel Salz*
- *1 Esslöffel Sojasoße*
- *½ Teelöffel Oregano*
- *½ Teelöffel Kümmel*
- *1 Esslöffel Essig*

Zubereitung:

Die roten Bohnen mit dem Lorbeerblatt in 4 Liter Wasser weichkochen. Darauf achten, dass das Wasser nicht verkocht (die Bohnen sind nicht immer von gleicher Beschaffenheit). 2 Liter Wasser müssen im Topf verbleiben, wenn die Bohnen weich sind. In einer Pfanne das Öl erhitzen. In Scheiben geschnittene Würstchen, in Stücke zerkleinertes Schweinefleisch, Paprika, Kümmel, Zwiebel, Oregano und Salz dazugeben. 5 Minuten anbraten. Sojasoße, Essig, Kartoffeln und Tomatenmark zugeben. Umrühren und zu den Bohnen geben. Topf schließen und 30 Minuten auf kleinem Feuer kochen. Guten Appetit!

ARROZ CON POLLO

Ingredientes:

1 cucharada de sal
50 gramos de petit pois
250 gramos de arroz
50 gramos de pasta de tomate
500 gramos de pollo
1 pizca de nuez moscada rallada
1 cucharada de ron Habana Club
½ ají picadito
4 cucharadas de aceite
1 cebolla picadita
25 gramos de tocino picadito
½ cucharadita de azafrán
1 hoja de laurel
2 dientes de ajo machacados
1,8 litro de agua

Instrucciones:
Caliente el aceite durante 2 minutos en una olla. Sofría el tocino, el pollo cortado en trozos, ají, cebolla, la pizca de nuez moscada y ajo. Remuévalo durante 3 minutos agregándole el ron, sal y pasta de tomate primero, y después el agua, laurel y azafrán. Tape la olla y cocínelo a todo fuego durante 25 minutos. Échele el arroz y el petit pois. Tape la olla. Cocínelo 20 minutos a fuego lento.
¡Buen provecho!

REIS MIT HUHN

Zutaten:

1 Esslöffel Salz
50 Gramm grüne Bohnen
250 Gramm Basmati-Reis
50 Gramm Tomatenmark
500 Gramm Huhn
1 Prise geriebene
2 zerstampfte Knoblauchzehen
Muskatnuss
1 Essöffel Rum Havana Club
4 Esslöffel Öl
½ zerkleinerte Paprika
25 Gramm gewürfelter Speck
1 zerkleinerte Zwiebel
1 Lorbeerblatt
½ Teelöffel Safran
1,8 Liter Wasser

Zubereitung:
Im Topf Öl 2 Minuten erhitzen. Speck, in Stücke geschnittenes Huhn, Paprika, Zwiebel, Muskatnuß und Knoblauch anbraten. 3 Minuten umrühren, dann Rum, Salz und Tomatenmark zugeben, danach das Wasser, Lorbeerblatt und Safran. Topf schließen und auf großer Flamme 25 Minuten kochen. Den Reis und grüne Bohnen zugeben. Topf schließen und 20 Minuten auf kleinem Feuer kochen. Guten Appetit!

ARROZ BLANCO

Ingredientes:

250 gramos de arroz

1 cucharada de vinagre

1 diente de ajo

0,6 litro de agua

3 cucharadas de aceite

1 cucharadita de sal

Instrucciones:

Caliente el aceite en la olla durante un minuto y añada el ajo bien picadito junto con el arroz. Remueva de inmediato con una cuchara de madera durante un minuto. Agréguele agua, vinagre y sal. Tape la olla. Cuando comience a hervir, baje el fuego y cocínelo durante 20 minutos.

WEISSER REIS

Zutaten:

250 Gramm Basmati-Reis

1 Esslöffel Essig

1 Knoblauchzehe

0,6 Liter Wasser

3 Esslöffel Öl

1 Teelöffel Salz

Zubereitung:

Im Topf das Öl eine Minute erhitzen, kleingehackten Knoblauch und Reis zugeben, zügig mit einem Holzlöffel 1 Minute umrühren. Wasser, Essig und Salz dazugeben. Topf schließen. Wenn das Wasser zu kochen beginnt, Feuer klein stellen und 20 Minuten kochen.

CONGRÍ

Ingredientes:

150 gramos de frijoles colorados remojado desde el día anterior
½ cebolla picadita
1 ají pimiento verde picadito
2 dientes de ajo
1 cucharadita de sal
½ hoja de laurel
250 gramos de arroz
½ cucharadita de comino
4 cucharadas de aceite
4 cucharadas de tocino picadito

Instrucciones:
Ponga a cocinar los frijoles con el laurel en 4 litros de agua, hasta ablandarlos, cuide que no se gaste el agua, pues no todos los frijoles tienen la misma consistencia. Cuando estén blandos debe quedar medio litro de líquido en la olla para la cocción del arroz. Ponga una sartén a calentar durante 2 minutos y dore el tocino. Agregue el ají, la cebolla, comino, orégano, sal y ajo, y sofría durante 3 minutos más. Échele el arroz, teniendo en cuenta que el nivel del agua quede 2 dedos por encima. Tape la olla. Cuando este comience a hervir, póngalo a fuego lento durante 20 minutos. ¡Buen apetito!

REIS MIT ROTEN BOHNEN

Zutaten:

150 Gramm rote Bohnen, einen Tag vorher in Wasser eingeweicht
½ zerkleinerte Zwiebel
1 zerkleinerte grüne Paprika
1 Teelöffel Salz
2 Knoblauchzehen
250 Gramm Basmati-Reis
½ Lorbeerblatt
4 Esslöffel Öl
½ Teelöffel Kümmel
4 Esslöffel gewürfelter Speck

Zubereitung:
Die Bohnen mit dem Lorbeerblatt in 4 Liter Wasser kochen, bis sie weich sind. Darauf achten, dass das Wasser nicht verkocht (die Bohnen sind nicht immer von gleicher Beschaffenheit). Sind die Bohnen weich, muss ein halber Liter Flüssigkeit verbleiben, um den Reis darin zu kochen. In eine heißen Pfanne den Speck geben, mit Paprika, Zwiebel Kümmel, Oregano, Salz und Knoblauch 3 Minuten anbraten. Alles zu den Bohnen geben, Reis dazugeben. Darauf achten, dass 2 Fingerbreit Flüssigkeit über dem Reis bleibt. Topf schließen. Wenn es zu kochen beginnt, 20 Minuten auf kleiner Flamme lassen. Guten Appetit!

MOROS Y CRISTIANOS

Ingredientes:

150 gramos de frijoles negros remojado desde el día antes
4 cucharadas de tocino picado
4 cucharadas de aceite
½ ají pimiento rojo picadito
2 ramitas de culantro
½ cucharadita de sal
2 dientes de ajo
½ cucharadita de comino
½ cebolla picadita
½ hoja de laurel
250 gramos de arroz
1 cucharada de salsa china (soya)

Instrucciones:
Ponga a cocinar los frijoles con el laurel en 4 litros de agua hasta ablandarse, cuide que no se gaste el agua, pues no todos los frijoles tienen igual consistencia. Cuando estén blandos debe quedar medio litro de líquido en la olla para la cocción del arroz. Ponga una sartén a calentar durante 2 minutos y dore el tocino. Luego agregue el ají, cebolla, salsa china, comino, culantro y ajo. Sofríalo durante 3 minutos más. Añada el arroz, teniendo en cuenta que el nivel del agua quede 2 dedos por encima. Tape la olla. Cuando el contenido comience a hervir, póngalo a fuego lento durante 20 minutos. ¡Buen apetito!

REIS MIT SCHWARZEN BOHNEN

Zutaten:

150 Gramm schwarze Bohnen, einen Tag vorher in Wasser eingeweicht
4 Esslöffel Öl
4 Esslöffel gewürfelter Speck
2 Stengel Rosmarin
½ zerkleinerte rote Paprika
2 Knoblauchzehen
½ Teelöffel Salz
½ zerkleinerte Zwiebel
½ Teelöffel Kümmel
250 Gramm Basmati-Reis
½ Lorbeerblatt
1 Esslöffel Sojasoße

Zubereitung:
Bohnen mit Lorbeerblatt in 4 Litern Wasser kochen, bis sie weich sind. Darauf achten, dass das Wasser nicht verkocht (die Bohnen sind nicht immer von gleicher Beschaffenheit). Wenn die Bohnen weich sind, muss ½ Liter Flüssigkeit im Topf verbleiben, um den Reis zu kochen. Eine Pfanne erhitzen, Speck anbraten, Paprika, Zwiebel, Sojasoße, Kümmel, Rosmarin und Knoblauch zugeben. 3 Minuten anbraten. Alles zu den Bohnen geben, Reis dazugeben, darauf achten, dass 2 Fingerbreit Flüssigkeit über dem Reis stehen bleibt. Topf schließen. Wenn es zu kochen beginnt, auf kleiner Flamme 20 Minuten kochen. Guten Appetit!

ARROZ CON QUIMBOMBÓ

Ingredientes:

250 gramos de arroz
2 cucharadas de naranja agria
300 gramos de quimbombó
Zumo de 5 limones
¼ de cebolla
1 cucharadita de sal
4 cucharadas de aceite
1 cuchadarita de perejil picadito
½ cucharadita de azafrán
1,2 litro de agua
1 ají pimiento rojo picadito
100 gramos de tomate natural
2 dientes de ajo picadito

Instrucciones:
Corte el quimbombó en trocitos y lávelo en el zumo de limón diluido en agua. Caliente la olla con el aceite 2 minutos. Échele el quimbombó, ají, cebolla, tomate, ajo y la sal. Sofría durante 5 minutos. Agregue el arroz, agua, azafrán, naranja agria y perejil. Tape la olla y cuando comience a hervir, bájele el fuego y cocínelo 20 minutos.

REIS MIT OKRA

Zutaten:

250 Gramm Basmati-Reis
2 Esslöffel Bitterorangen-Saft
300 Gramm Okra
Saft von 5 Zitronen
¼ Zwiebel
1 Teelöffel Salz
4 Esslöffel Öl
1 Teelöffel zerkleinerte Petersilie
½ Teelöffel Safran
1,2 Liter Wasser
1 rote Paprika
100 Gramm zerkleinerte Tomate
2 zerkleinerte Knoblauchzehen

Zubereitung:
Die Okra in Stücke schneiden und mit Zitronensaft mischen. Im Topf das Öl 2 Minuten erhitzen. Okra, Paprika, Tomate, Knoblauch und Salz dazugeben. Dann den Reis, Wasser, Safran, Bitterorangen-Saft und Petersilie zugeben. Topf schließen, und wenn es zu kochen beginnt, Hitze verringern und 20 Minuten kochen.

ARROZ CON JAMÓN

Ingredientes:

1 hoja de laurel
20 mililitros de vino seco
250 gramos de arroz
250 gramos de masa de jamón
½ cucharadita de sal
½ cucharadita de pimentón
1 cucharadita de azafrán
40 gramos de pasta de tomate
1 cebolla mediana picada
1 ají pimiento picadito
2 cucharadas de aceite
0,75 litro de caldo de gallina

Instrucciones:
Ponga el aceite a calentar en la olla durante 3 minutos. Échele el jamón, cebolla, ají, pimentón, pasta de tomate y la sal. Sofría durante 3 minutos, Agregue el caldo de gallina, arroz, laurel y el azafrán. Remueva bien. Tape la olla y cuando comience a hervir, bájele el fuego y cocínelo durante 20 minutos. ¡Buen provecho!

SCHINKENREIS

Zutaten:

250 Gramm Basmati-Reis
250 Gramm Schinken
½ Teelöffel Salz
1 Teelöffel Paprikapulver
1 Teelöffel Safran
40 Gramm Tomatenmark
1 zerkleinerte Zwiebel
1 zerkleinerte Paprika
2 Esslöffel Öl
0,75 Liter Hühnerbrühe
1 Lorbeerblatt
20 Milliliter trockener Wein

Zubereitung:
Im Topf Öl 3 Minuten erhitzen. Schinken, Zwiebel, Paprika, Paprikapulver, Tomatenmark und Salz zugeben und 3 Minuten anbraten. Hühnerbrühe zugießen, Reis, Lorbeerblatt und Safran dazugeben. Gut umrühren. Topf schließen. Wenn es zu kochen beginnt, Hitze vermindern und 20 Minuten kochen. Guten Appetit!

ARROZ CON CHORIZOS

Ingredientes:

250 gramos de arroz

½ ají pimiento picadito

4 chorizos

0,7 litro de agua

50 gramos de pasta de tomate

½ hoja de laurel

3 ramitas de culantro

½ cebolla grande picadita

½ cucharadita de sal

1 diente de ajo machacado

Instrucciones:

Ponga la olla a calentar 2 minutos. Échele los chorizos cortados en ruedas y sofríalos en su propia grasa durante 4 minutos. Agregue el ají, cebolla, culantro, ajo, laurel, sal y la pasta de tomate. Remueva. Añada el arroz y el agua. Tape la olla. Cuando comience a hervir bájele el fuego y cocínelo durante 20 minutos. ¡Buen apetito!

REIS MIT PAPRIKAWURST

Zutaten:

250 Gramm Basmati-Reis

½ zerkleinerte Paprika

4 Paprikawürste

0,7 Liter Wasser

50 Gramm Tomatenmark

½ Lorbeerblatt

3 Stengel Rosmarin

½ große zerkleinerte Zwiebel

½ Teelöffel Salz

1 zerstampfte Knoblauchzehe

Zubereitung:

In einem erhitzten Topf die in Scheiben geschnittenen Paprikawürste im eigenen Fett 4 Minuten anbraten. Paprika, Zwiebel, Rosmarin, Knoblauch, Lorbeerblatt, Salz und Tomatenmark dazugeben und umrühren. Den Reis und das Wasser zugeben. Topf schließen. Wenn es zu kochen beginnt, 20 Minuten auf kleiner Flamme kochen.

ARROZ CON SALCHICHAS

Ingredientes:

250 gramos de arroz
1 cucharadita de sal
2 cucharaditas de caldo concentrado
100 gramos de petit pois
1,2 litro de agua
2 cucharadas de aceite de oliva
50 gramos de pasta de tomate
1 pizca de pimienta molida
4 salchichas
1 cebolla picada
½ ají pimiento rojo
¼ cucharada de azafrán
½ ají pimiento verde
1 diente de ajo
20 mililitros de vino seco tinto

Instrucciones:
Ponga el aceite a calentar en una olla durante 3 minutos. Vierta las salchichas, el caldo, cebolla, ajíes, pimienta, pasta de tomate y ajo y sofríalos durante 3 minutos. Agréguele el arroz, agua, azafrán, petit pois y el vino seco. Tape la olla. Cuando comience a hervir, bájele el fuego y cocínelo durante 20 minutos.
¡Buen provecho!

REIS MIT WÜRSTCHEN

Zutaten:

250 Gramm Basmati-Reis
1 Teelöffel Salz
2 Esslöffel MAGGI-Brühe
100 Gramm grüne Erbsen
1,2 Liter Wasser
2 Esslöffel Olivenöl
50 Gramm Tomatenmark
1 Prise Pfeffer
4 Würstchen
1 zerkleinerte Zwiebel
½ rote Paprika
¼ Esslöffel Safran
½ grüne Paprika
1 Knoblauchzehe
20 Milliliter trockener Rotwein

Zubereitung:
Das Öl in einem Topf 3 Minuten erhitzen. Die Würstchen, Zwiebel, Paprika, Pfeffer, Tomatenmark und Knoblauch anbraten. Maggi-Brühe aufgießen. Den Reis, Wasser, Safran, grüne Erbsen und den Wein dazugeben. Nach dem Aufkochen 20 Minuten auf kleiner Flamme kochen.
Guten Appetit!

ARROZ CON POLLO A LA BAYA-MESA

Ingredientes:

2 cebollas picaditas
50 gramos de petit pois
250 gramos de arroz
500 gramos de pollo
4 cucharadas de aceite
1 cucharada de sal
50 gramos de pasta de tomate
1,2 litro de agua
½ ají pimiento picadito
10 aceitunas sin hueso
2 dientes de ajo
1 hoja de laurel
4 cucharadas de vino seco
4 ramitas de culantro

Instrucciones:
Caliente el aceite durante 2 minutos en la olla. Sofría el pollo cortado en trozos con el ají, cebolla, ajo, aceitunas, culantro, pasta de tomate, laurel y sal durante 3 minutos. Agregue el vino, la pasta de tomate y el agua. Remuévalo. Tape la olla y cocínelo durante 20 minutos. Échele el arroz y el petit pois. Cocínelo a fuego lento durante 20 minutos más. ¡Buen provecho!

HÜHNERREIS NACH ART VON BAYAMO

Zutaten:

2 zerkleinerte Zwiebeln
50 Gramm grüne Erbsen
250 Gramm Basmati-Reis
500 Gramm Huhn
4 Esslöffel Öl
1 Teelöffel Salz
50 Gramm Tomatenmark
1,2 Liter Wasser
½ zerkleinerte Paprika
10 Oliven ohne Kern
2 Knoblauchzehen
1 Lorbeerblatt
4 Esslöffel trockener Wein
4 Stengel Rosmarin

Zubereitung:
Das Öl für 2 Minuten in einem Topf erhitzen. Das in Stücke zerkleinerte Huhn mit Paprika, Zwiebel, Knoblauch, Oliven, Rosmarin, Tomatenmark, Lorbeerblatt und Salz 3 Minuten anbraten. Den Wein und das Wasser aufschütten, gut umrühren. Topf schließen und 20 Minuten kochen. Den Reis und grüne Erbsen zugeben. Auf kleiner Flamme 20 Minuten kochen.
Guten Appetit!

ARROZ CON GALLINA

Ingredientes:

250 gramos de arroz
2 cucharadas de perejil picadito
500 gramos de gallina cortada en trozos pequeños
4 granos de pimienta
½ hoja de laurel
½ cebolla grande picadita
1 cucharadita de azafrán
½ ají pimiento picadito
1 cucharadita de sal
50 gramos de pasta de tomate
4 litros de agua
3 cucharadas de vino tinto
2 dientes de ajo picadito
1 cucharada de ron Habana Club
½ cucharada de aceite de oliva
1 cuadrito de caldo concentrado

Instrucciones:
Ponga a calentar el aceite en la olla durante 4 minutos. Échele la gallina, ají, cebolla, pimienta, ajo, pasta de tomate y perejil. Sofríalo durante 5 minutos, agréguele el ron, vino seco y laurel. Remueva. Añada el agua, el cuadrito de caldo concentrado y azafrán. Tape la olla y cocínelo durante 40 minutos. Vierta el arroz y cocínelo a fuego lento durante 20 minutos más.
¡Buen provecho!

REIS MIT HUHN

Zutaten:

250 Gramm Basmati-Reis
2 Esslöffel zerkleinerte Petersilie
500 Gramm zerkleinertes Huhn
4 Pfefferkörner
½ zerkleinerte Zwiebel
½ Lorbeerblatt
½ zerkleinerte Paprika
1 Teelöffel Safran
50 Gramm Tomatenmark
1 Teelöffel Salz
3 Esslöffel Rotwein
1 Liter Wasser
1 Esslöffel Rum Havana Club
2 zerkleinerte Knoblauchzehen
1 MAGGI-Brühwürfel
2 Esslöffel Olivenöl

Zubereitung:
In einem Topf das Öl 4 Minuten erhitzen, das Huhn anbraten, Paprika, Zwiebel, Pfeffer, Knoblauch, Tomatenmark und Petersilie zugeben. 5 Minuten anbraten, den Rum, Wein und Lorbeerblatt zugeben. Gut umrühren. Wasser und Brühe aufgießen, Safran zugeben. Topf schließen und 40 Minuten kochen. Den Reis zugeben und auf kleiner Flamme 20 Minuten kochen.
Guten Appetit!

ARROZ A LA MARINERA - REIS AUF SEEMANNSART

ARROZ CON CARNE DE CERDO

Ingredientes:

250 gramos de arroz
50 gramos de pasta de tomate
½ ají pimiento verde picadito
Una pizca de pimienta blanca
Una pizca de orégano
2 diente de jo
4 cucharadas de aceite
1 cucharada rasa de sal
2 ramitas de culantro
1 cebolla picadita
300 gramos de carne de cerdo en trocitos
1,2 litro de agua

Instrucciones:

Ponga el aceite a calentar en una olla durante 3 minutos. Échele la carne, ají, cebolla, orégano, culantro, ajo y pimienta. Sofríalo durante 4 minutos. Añada la pasta de tomate, agua y el arroz. Remueva bien. Tape la olla y cuando comience a hervir cocínelo 25 minutos a fuego lento.

REIS MIT SCHWEINEFLEISCH

Zutaten:

250 Gramm Basmati-Reis
50 Gramm Tomatenmark
½ zerkleinerte grüne Paprika
1 Prise weißer Pfeffer
1 Prise Oregano
2 Knoblauchzehen
4 Esslöffel Öl
2 Esslöffel Salz
2 Stengel Rosmarin
1 zerkleinerte Zwiebel
300 Gramm gewürfeltes Schweinefleisch
1,2 Liter Wasser

Zubereitung:

Das Öl im Topf 3 Minuten erhitzen. Das Fleisch, Paprika, Zwiebel, Oregano, Rosmarin, Knoblauch und Pfeffer dazugeben und 4 Minuten anbraten. Tomatenmark, Wasser und Reis zugeben und gut umrühren. Topf schließen. Wenn alles zu kochen beginnt bei kleiner Hitze 25 Minuten kochen.

ARROZ A LA MARINERA

Ingredientes:

200 gramos de masa de robalo
1 hoja de laurel
1 trucha mediana
5 cucharadas de aceite
50 gramos de camarones
2 ramitas de perejil picadito
50 gramos de calamares en trocitos
1 cebolla picadita
50 gramos de almejas
2 dientes de ajo machacados
1 cucharada de ron Habana Club
20 mililitros de vino seco blanco
1 ají pimiento picadito
50 gramos de pasta de tomate
½ cucharadita de sal
½ cucharadita de azafrán
400 gramos de arroz
4 granos de pimienta

Instrucciones:

Ponga a cocinar el pescado durante 20 minutos en 1,5 litro de agua, ½ cucharadita de sal, pimienta y la hoja de laurel. Pasado los 20 minutos cuele el caldo, saque el pescado y tire la cabeza y las espinas. Ponga a calentar el aceite en una sartén durante 2 minutos. Sofría los mariscos, la masa de pescado, ají, pimienta, perejil, cebolla, ajo y pasta de tomate durante 3 minutos. Agregue el vino, ron, arroz, azafrán y el caldo de pescado a 4 centímetros por encima del nivel del arroz. Tape la sartén y cocine a fuego lento durante 30 minutos.

REIS AUF SEEMANNSART

Zutaten:

1 Forelle (200 Gramm)
1 Lorbeerblatt
50 Gramm Garnelen
5 Esslöffel Öl
50 Gramm Tintenfisch
2 Stengel Petersilie
50 Gramm Austern
1 zerkleinerte Zwiebel
1 Esslöffel Rum Havana Club
2 zerdrückte Knoblauchzehen
1 zerkleinerte Paprika
20 Milliliter trockener Weißwein
50 Gramm Tomatenmark
½ Esslöffel Salz
½ Teelöffel Safran
400 Gramm Basmati-Reis
4 Pfefferkörner

Zubereitung:

Die Forelle 20 Minuten in 1,5 Liter Wasser, Salz, Pfeffer und Lorbeerblatt kochen. Forelle dann aus der Suppe nehmen und von Kopf und Gräten säubern. In einer Pfanne das Öl 2 Minuten erhitzen. Die Meeresfrüchte, Fischstücke, Paprika, Pfeffer, Petersilie, Knoblauch und Tomatenmark anbraten. Den Wein, Rum, Reis, Safran und die Fischsuppe bis 4 Zentimeter über den Reis schütten. Auf kleinem Feuer 30 Minuten kochen.

ARROZ CON BACALAO

Ingredientes:

300 gramos de bacalao
¼ cucharadita de pimienta blanca
2 dientes de ajo picaditos
250 gramos de arroz
4 cucharadas de aceite de oliva
1 ají pimiento grande picadito
1 cucharada de vinagre
100 gramos de tomate natural picadito
1 cucharadita de azafrán
1 cucharada de pimienta
1,2 litro de agua
1 hoja de laurel
1 cebolla picadita

Instrucciones:
El bacalao debe ponerse en remojo de 4 a 6 horas antes de su elaboración. Cámbiele el agua 4 veces. Quítele los pellejos y espinas. Córtelo en trozos. Caliente la olla con el aceite 5 minutos. Agregue todos los ingredientes menos el arroz y haga un sofrito removiéndolo durante 5 minutos. Añada el arroz, agua y sal al gusto. Tape la olla y cuando comience a hervir, baje el fuego y cocínelo durante 20 minutos.
¡Buen apetito!

REIS MIT KABELJAU

Zutaten:

300 Gramm getrockneter Kabeljau (Stockfisch)
¼ Teelöffel weißer Pfeffer
1 Esslöffel Essig
2 zerkleinerte Knoblauchzehen
4 Esslöffel Olivenöl
250 Gramm Basmati-Reis
1 Teelöffel Safran
1 zerkleinerte Paprika
1 Lorbeerblatt
100 Gramm zerkleinerte Tomate
1,2 Liter Wasser
1 zerkleinerte Zwiebel

Zubereitung:
Den Bacalao 4-6 Stunden vorher einweichen, dabei das Wasser 4 mal wechseln. Die Haut und Gräten entfernen. In Stücke schneiden. Im Topf das Öl 5 Minuten erhitzen. Alle Zutaten außer dem Reis zugeben und unter rühren 5 Minuten anbraten. Dann den Reis, Wasser und Salz zugeben. Den Topf schließen, wenn es zu kochen beginnt, bei kleiner Flamme 20 Minuten köcheln lassen. Guten Appetit!

ARROZ CON PESCADO

Ingredientes:

250 gramos de arroz

500 gramos de pescado cortado en trozos

1 cucharada de perejil picadito

Una pizca de azafrán

½ cucharada de sal

½ ají pimiento

½ cucharadita de pimentón

1 cebolla mediana picadita

4 cucharadas de aceite de oliva

½ diente de ajo

1,2 litro de agua

20 mililitros de vino seco blanco

2 cucharadas de alcaparras pequeñas

Instrucciones:
Caliente el aceite en la olla durante 2 minutos. Sofría el ají, cebolla, ajo y las alcaparras durante 3 minutos. Agregue el pescado y sofría removiéndolo durante 3 minutos. Eche el vino, perejil, pimentón, sal, agua y por último el azafrán. Tape la olla y cuando comience a hervir, baje el fuego y cocínelo durante 20 minutos. ¡Buen apetito!

REIS MIT FISCH

Zutaten:

250 Gramm Basmati-Reis

½ zerkleinerte Zwiebel

500 Gramm Fischfilet, in Stücke geschnittenes

1 Prise Safran

1 Esslöffel gehackte Petersilie

½ Paprika

½ Esslöffel Salz

½ Knoblauchzehe

½ Teelöffel Paprikapulver

4 Esslöffel Olivenöl

2 Esslöffel Kapern

20 Milliliter trockener Weißwein

1,2 Liter Wasser

Zubereitung:
In einem Topf das Öl 2 Minuten erhitzen. Paprika, Zwiebel, Knoblauch und Kapern 3 Minuten anbraten. Den Fisch hinzufügen, 3 Minuten lang anbraten, umrühren. Den Wein, Petersilie, Paprikapulver, Salz, Wasser und Safran zugeben. Topf schließen, aufkochen lassen und dann auf kleinem Feuer 20 Minuten kochen. Guten Appetit!

ARROZ AMARILLO

Ingredientes:

250 gramos de arroz
1 diente de ajo
0,6 litro de agua
3 cucharadas de aceite
2 cucharadas de vinagre
1 cucharadita de sal
1 cucharadita de azafrán

Instrucciones:
Ponga el aceite a calentar en la olla. Eche el ajo bien picadito junto con el arroz y remueva con una cuchara de madera durante un minuto. Agregue el agua, azafrán, vinagre y sal. Tape la olla y cuando comience a hervir, bájele el fuego y cocínelo durante 20 minutos.

GELBER REIS

Zutaten:

250 Gramm Basmati-Reis
1 Knoblauchzehe
0,6 Liter Wasser
3 Esslöffel Öl
2 Esslöffel Essig
1 Teelöffel Salz
1 Teelöffel Safran

Zubereitung:
Im Topf das Öl erhitzen. Zerkleinerten Knoblauch und Reis dazugeben, mit einem Holzlöffel 1 Minute umrühren. Das Wasser, Safran, Essig und Salz zugeben. Topf schließen, aufkochen lassen. Dann auf kleiner Flamme 20 Minuten kochen.

ARROZ CON CAMARONES

Ingredientes:

250 gramos de camarones frescos
5 cucharadas de aceite de oliva
½ cucharadita de azafrán
1 pizca de pimienta
250 gramos de arroz
1,2 litro de agua
½ pimiento verde picadito
½ cebolla grande picadita
1 cucharadita colmada de sal
2 tomates naturales
4 cucharadas de vino seco blanco
2 dientes de ajo machacados

Instrucciones:

Ponga a calentar el aceite en la olla. Sofría los camarones con el tomate picadito en cuadritos, ají, cebolla, ajo, pimienta y la sal, durante 5 minutos. Agréguele el vino y remuévalo bien. Agregue arroz, agua y azafrán. Tape la olla. Cuando comience a hervir, baje el fuego y cocínelo durante 20 minutos.

REIS MIT GARNELEN

Zutaten:

250 Gramm frische Garnelen
5 Esslöffel Olivenöl
½ Teelöffel Safran
1 Prise Pfeffer
250 Gramm Basmati-Reis
1,2 Liter Wasser
½ grüne Paprika
½ zerkleinerte Zwiebel
1 Teelöffel Salz
2 Tomaten
4 Esslöffel trockener Weißwein
2 zerstampfte Knoblauchzehen

Zubereitung:

Im Topf das Öl erhitzen und Garnelen mit der gewürfelten Tomate, Paprika, Zwiebel, Knoblauch, Pfeffer und Salz 5 Minuten anbraten. Alles gut umrühren. Den Reis, Wasser und Safran zugeben. Topf schließen, aufkochen, dann auf kleinem Feuer 20 Minuten kochen.

ARROZ VEGETARIANO

Ingredientes:

200 gramos de maíz tierno en grano
50 gramos de pasta de tomate
½ ají pimiento rojo picadito
1 litro de agua
250 gramos de arroz
2 dientes de ajo picaditos
¼ cucharadita de azafrán
1 cucharada de sal
½ ají pimiento verde picadito
1 cebolla bien picadita
1 hoja de laurel
1 zanahoria picada en cuadritos
8 cucharadas de aceite
2 ramitas de culantro picadito

Instrucciones:
Ponga a calentar el aceite en una olla durante 2 minutos. Sofría el ají, cebolla, ajo, zanahoria, laurel, pasta de tomate y la sal durante 5 minutos. Agregue el arroz, maíz, agua y el azafrán. Remueva bien. Tape la olla. Cuando comience a hervir, baje el fuego y cocínelo durante 20 minutos. Antes de servirlo póngale el culantro picadito por encima.

VEGETARISCHER REIS

Zutaten:

200 Gramm reife Maiskörner
50 Gramm Tomatenmark
½ rote zerkleinerte Paprika
1 Liter Wasser
250 Gramm Basmati-Reis
2 zerkleinerte Knoblauchzehen
¼ Teelöffel Safran
1 Esslöffel Salz
½ grüne zerkleinerte Paprika
1 zerkleinerte Zwiebel
1 Lorbeerblatt
1 gewürfelte Möhre
8 Esslöffel Öl
2 Stengel Rosmarin

Zubereitung:
Im Topf das Öl 2 Minuten erhitzen. Paprika, Zwiebel, Knoblauch, Möhre, Lorbeer, Tomatenmark und Salz zugeben und 5 Minuten anbraten. Dann Reis, Mais, Wasser und Safran zugeben, gut umrühren. Topf schließen, aufkochen, bei kleinem Feuer 20 Minuten kochen. Vor dem Servieren mit Rosmarin garnieren.

ARROZ CON PICADILLO Y QUESO

Ingredientes:

250 gramos de arroz

100 gramos de queso rallado

50 gramos de pasta de tomate

4 cucharadas de aceite de oliva

200 gramos de picadillo

1 cebolla picadita

30 gramos de mantequilla

1 cucharadita de sal

3 ramas de albahaca picaditas

0,7 litro de agua

50 mililitros de crema de leche

3 dientes de ajo picaditos

Instrucciones:
Caliente una olla con 2 cucharadas de aceite durante un minuto. Échele un diente de ajo bien picadito junto con el arroz y remuévalo de inmediato con la cuchara de madera durante un minuto, para evitar que se queme. Añada el agua y ½ cucharadita sal. Tape la olla. Cuando comience a hervir, baje el fuego y cocínelo durante 20 minutos. Ponga una sartén con el aceite y la mantequilla a calentar. Sofría el picadillo, cebolla, ajo, sal y albahaca hasta dorarse. Agréguele la pasta de tomate y remuévalo bien. Sirva el arroz en 4 cazuelas resistentes al calor, y añádale por encima el picadillo, la crema de leche y el queso rallado. Colóquelo en el horno a una temperatura de 200 grados hasta que se dore el queso. ¡Buen apetito!

REIS MIT HACKFLEISCH UND KÄSE

Zutaten:

250 Gramm Basmati-Reis

100 Gramm geriebener Käse

50 Gramm Tomatenmark

4 Esslöffel Olivenöl

200 Gramm Gehacktes

30 Gramm Butter

1 zerkleinerte Zwiebel

3 Stengel Basilikum

1 Teelöffel Salz

50 Milliliter Sahne

0,7 Liter Wasser

3 zerkleinerte Knoblauchzehen

Zubereitung:
2 Esslöffel Öl im Topf 1 Minute erhitzen.
1 zerdrückte Knoblauchzehe und den Reis zugeben, schnell mit einem Holzlöffel 1 Minute umrühren. Wasser und ½ Teelöffel Salz zugeben. Topf schließen, aufkochen und auf kleiner Flamme 20 Minuten kochen.
In einer Pfanne Öl und Butter erhitzen. Gehacktes mit der Zwiebel, Knoblauch, Salz und Basilikum durchbraten. Tomatenmark zugeben und gut umrühren. Den Reis in 4 Kasserollen geben. Gehacktes, Sahne und Käse darüber geben. In den auf 200 Grad vorgewärmten Backofen stellen, bis der Käse geschmolzen ist. Guten Appetit!

ARROZ FRITO

Ingredientes:

- *250 gramos de arroz*
- *8 cucharadas de salsa china (soya)*
- *250 gramos de jamón ahumado picadito en cuadritos*
- *1 cebolla picadita*
- *2 ramitas de culantro picaditas*
- *½ ají pimiento verde picadito*
- *2 huevos*
- *1,2 litro de agua*
- *4 cucharadas de aceite*
- *100 gramos de frijoles chinos (soya)*
- *½ cucharadita de jengibre machacado y picadito*

Instrucciones:

Ponga a calentar el aceite en una olla. Sofría jamón, cebolla, ají y culantro, durante 5 minutos, removiendo constantemente. Agregue el arroz, más salsa china, frijoles chinos, jengibre y el agua. Tape la olla, y al hervir bájele el fuego y cocínelo durante 20 minutos. Cuando esté listo, ponga una sartén al fuego y haga un revoltillo con los huevos y sal al gusto. Mézclelo con el arroz frito. ¡Buen apetito!

GEBRATENER REIS

Zutaten:

- *250 Gramm Basmati-Reis*
- *8 Esslöffel SoJasoße*
- *250 Gramm geräucherter Schinken, gewürfelt*
- *1 zerkleinerte Zwiebel*
- *2 Stengel Rosmarin*
- *½ grüne zerkleinerte Paprika*
- *2 Eier*
- *1,2 Liter Wasser*
- *4 Esslöffel Öl*
- *100 Gramm Sojabohnensprossen*
- *½ Teelöffel geriebener ingwer*

Zubereitung:

Das Öl in einem Topf erhitzen, Schinken, Paprika und Rosmarin zugeben, 5 Minuten unter Rühren anbraten. Reis, Sojasoße, Sojabohnensprossen, Ingwer und Wasser zugeben. Topf schließen, aufkochen lassen, dann auf kleiner Flamme 20 Minuten kochen. In einer Pfanne Rührei mit einer Prise Salz ansetzen, mit dem gebratenen Reis vermischen. Guten Appetit!

ARROZ CON GARBANZOS

Ingredientes:

100 gramos de garbanzos
2 dientes de ajo picadito
250 gramos de arroz
1 cucharada de ají pimiento picadito
2 cucharadas de cebolla picadita
½ cucharada de sal
¼ cucharadita de azafrán
1 cucharada de pasta de tomate
4 cucharadas de aceite

Instrucciones:
Ponga a cocinar los garbanzos hasta ablandarlos, cuidando de no gastar el agua, pues no todos los garbanzos tienen la misma consistencia. Cuando estén blandos debe quedar medio litro de líquido en la olla para la cocción del arroz. Caliente el aceite en una sartén y sofría durante 4 minutos ají, cebolla, ajo, sal y la pasta de tomate. Agréguelo a los garbanzos y añada luego el arroz y azafrán. Remuévalo bien y tape la olla. Cuando comience a hervir, bájele el fuego y cocínelo durante 20 minutos.

REIS MIT KICHERERBSEN

Zutaten:

100 Gramm Kichererbsen
2 zerkleinerte Knoblauchzehen
250 Gramm Basmati-Reis
1 Esslöffel zerkleinerte Paprika
2 Esslöffel zerkleinerte Zwiebel
½ Esslöffel Salz
¼ Teelöffel Safran
1 Esslöffel Tomatenmark
4 Esslöffel Öl

Zubereitung:
Die Kichererbsen kochen, bis sie weich sind. Darauf achten, dass das Wasser nicht verkocht (die Kichererbsen sind nicht immer von gleicher Beschaffenheit). Sind die Kichererbsen weich, muss ein halber Liter Wasser im Topf verbleiben, um den Reis darin zu kochen. In einer Pfanne das Öl erhitzen. Paprika, Zwiebel, Knoblauch Salz und Tomatenmark zugeben, 4 Minuten anbraten und dann zu den Kichererbsen geben. Reis und Safran zugeben und gut umrühren. Topf schließen, aufkochen und auf kleiner Flamme 20 Minuten kochen.

YUCA HERVIDA

Ingredientes:

500 gramos de yuca

4 dientes de ajo

3 litros de agua

Zumo de ½ naranja agria

Zumo de un limón

6 cucharadas de aceite vegetal o

2 cucharadas de manteca de cerdo

Instrucciones:

Pele la yuca y córtela en trozos de 10 centímetros. Póngala a hervir en 3 litros de agua y cocínela durante 25 minutos con la olla tapada. Caliente aceite o manteca en una sartén durante 5 minutos y luego bájela. Échele los 4 dientes de ajo bien picaditos y remuévalos. Cuando estén doraditos agréguele el zumo de limón y el de la naranja agria. Tenga en cuenta que no todas las yucas demoran lo mismo en cocinarse, así que pínchelas con un tenedor y cuando las atraviese con facilidad, ya están listas para servir. Rocíelas con un aderezo de ajo preparado con sal al gusto.

GEKOCHTER MANIOK

Zutaten:

500 Gramm Maniok

4 Knoblauchzehen

3 Liter Wasser

Saft von ½ Bitterorange

Saft einer Zitrone

6 Esslöffel Pflanzenöl oder

2 Esslöffel Schweineschmalz

Zubereitung:

Maniok schälen und in 10 Zentimeter Stücke schneiden. In einem geschlossenen Topf mit 3 Litern Wasser 40 Minuten kochen. In einer Pfanne das Öl oder das Schmalz 5 Minuten erhitzen. Bei kleiner Flamme den gut zerkleinerten Knoblauch zugeben, umrühren, dann Zitronen- und Bitterorangensaft zugießen. Beim Kochen darauf achten, dass nicht aller Maniok dieselbe Konsistenz hat. Mit einer Gabel Festigkeit des Maniok prüfen, wenn sie leicht eindringt, kann er serviert werden. Die Knoblauchsoße mit etwas Salz, je nach Geschmack darüber gießen.

MALANGA HERVIDA

Ingredientes:

500 gramos de malanga
2 granos de pimienta
4 cucharadas de aceite
1,5 litro de agua
½ cucharadita de sal
1 cebolla entera
1 hoja de laurel

Instrucciones:
Pele las malangas. Póngalas a hervir en un 1,5 litro de agua y cocínelas con la cebolla, la pimienta y el laurel durante 20 minutos, con la olla tapada. Sirva las malangas cortándolas por la mitad. Rocíelas con aceite y sal al gusto.

GEKOCHTER TARO

Zutaten:

500 Gramm Taro
2 Pfefferkörner
4 Esslöffel Öl
1,5 Liter Wasser
½ Teelöffel Salz
1 ganze Zwiebel
1 Lorbeerblatt

Zubereitung:
Den Taro schälen, in einem geschlossenen Topf mit 1,5 Litern Wasser, der Zwiebel, Pfefferkörnern und Lorbeerblatt 20 Minuten kochen. Den Taro in Hälften teilen und vor dem Servieren mit Öl und Salz beträufeln.

BONIATO HERVIDO CON SALSA DE TOMATE

Ingredientes:

500 gramos de boniato
Una pizca de comino
50 gramos de pasta de tomate
1 cucharada de aceite
2 cebollas picaditas
1 ramita de culantro
¼ de ají pimiento verde picadito
50 mililitros de agua
2 cucharaditas de vino tinto
½ cucharadita de sal

Instrucciones:

Pele los boniatos y póngalos a hervir enteros en 1,2 litro de agua. Luego cocínelos durante 15 minutos con la olla tapada. Caliente aceite durante 2 minutos en una sartén y dore la cebolla y el ají, removiéndolos constantemente. Baje el fuego y añada la pasta de tomate, vino, culantro, comino, agua y la sal. Cocínelo durante 5 minutos. Saque los boniatos de la olla, rebánelos en ruedas de un centímetro y sírvalo rociándole la salsa de tomate.

GEKOCHTE SÜSSKARTOFFEL IN TOMATENSOSSE

Zutaten:

500 Gramm Süßkartoffel
1 Prise Kümmel
50 Gramm Tomatenmark
1 Esslöffel Öl
2 zerkleinerte Zwiebel
1 Stengel Rosmarin
¼ zerkleinerte grüne Paprika
50 Milliliter Wasser
½ Teelöffel Salz
2 Esslöffel Rotwein

Zubereitung:

Die Süßkartoffel schälen und in 1,2 Liter Wasser in einem geschlossenen Topf 15 Minuten kochen. In einer Pfanne 2 Minuten das Öl erhitzen, Zwiebel und Paprika zugeben, anbraten und umrühren. Bei kleiner Flamme Tomatenmark, Wein, Rosmarin, Kümmel, Wasser und Salz zugeben. 5 Minuten kochen. Die Süßkartoffel aus dem Topf nehmen, in ca. 1 Zentimeter dicke Scheiben schneiden. Beim Servieren die Tomatensoße darüber gießen.

PURÉ DE YUCA

Ingredientes:

500	*gramos de yuca*
50	*mililitros de leche*
2	*cucharadas de mantequilla*
3	*litros de agua*
2	*cucharadas de aceite*
½	*cucharadita de sal*
1	*cebolla*
2	*ramitas de culantro picaditas*
	Una pizca de pimienta molida

Instrucciones:
Pele las yucas y póngalas a hervir en 3 litros de agua. Luego cocínelas durante 40 minutos con la olla tapada. Escúrralas en una coladera y quítele las raíces internas. Aplástelas bien en una fuente, agregue la mantequilla, leche, sal y pimienta hasta formar una pasta. Sírvalo rociándolo con aceite y culantro picadito. ¡Buen apetito!

MANIOKPÜREE

Zutaten:

500	*Gramm Maniok*
50	*Milliliter Milch*
2	*Esslöffel Butter*
3	*Liter Wasser*
2	*Esslöffel Öl*
½	*Teelöffel Salz*
1	*Zwiebel*
2	*Stengel Rosmarin*
1	*Prise gemahlener Pfeffer*

Zubereitung:
Maniok schälen, in einem geschlossenen Topf mit 3 Litern Wasser 40 Minuten kochen. In einem Sieb abtropfen lassen. Wurzeln, die sich in der Maniok befinden, entfernen. In eine Schüssel geben, mit Butter, Milch, Salz und Pfeffer zu einem Brei zerdrücken. Beim servieren Öl und Rosmarin darüber geben. Guten Appetit!

PLÁTANO HERVIDO

Ingredientes:

2 plátanos

2 dientes de ajo machacados

2 cucharadas de manteca de cerdo

Sal a gusto

1,5 litro de agua

Instrucciones:

Ponga a hervir 1,5 litro de agua a hervir. Corte los extremos de los plátanos y tírelos. Dele un corte longitudinal a la cáscara de cada plátano y rebánelo en ruedas de 2 centímetros. Cocínelos con la cáscara y sal durante 35 minutos. Sáquelos del agua, quítele la cáscara y tírela. Ponga la sartén con la manteca a calentar durante 5 minutos a fuego lento. Sofría el ajo hasta que este doradito. Recoja manteca con una cuchara y viértala sobre los plátanos, dándole su punto de sal.

GEKOCHTE BANANE

Zutaten:

2 Kochbananen

2 zerdrückte Knoblauchzehen

2 Esslöffel Schweineschmalz

Salz nach Geschmack

1,5 Liter Wasser

Zubereitung:

1,5 Liter Wasser in einem Topf zum kochen bringen. Die zwei Enden der Bananen abschneiden, die Schale längst anschneiden, in 2 Zentimeter dicke Scheiben schneiden und ins Wasser geben. 35 Minuten mit der Schale und Salz kochen. Aus dem Wasser nehmen und abschälen. In einer Pfanne das Schmalz 5 Minuten auf kleiner Flamme erhitzen. Knoblauch anbraten, Feuer runter drehen. Das Fett mit einem Esslöffel über die Bananen geben, Salz darüber streuen.

HABICHUELAS EN SALSA DE TOMATE

Ingredientes:

300 gramos de habichuelas
½ cucharadita de sal
½ litro de agua
50 gramos de pasta de tomate
2 cucharadas de mantequilla
Una pizca de pimienta
1 cebolla en picadita en trocitos
Una pizca de nuez moscada
Sal al gusto
2 cucharadas de vino blanco

Instrucciones:
Lave las habichuelas y quítele las puntas. Divídalas a la mitad y cocínelas en el medio litro de agua con la sal durante 10 minutos. Mientras, sofría en una sartén la cebolla en mantequilla, durante 2 minutos. Agregue los demás ingredientes y las habichuelas, más 50 mililitros del agua donde hirvieron. Cocínelas a fuego lento durante 5 minutos con la sartén tapada.

GRÜNE BOHNEN IN TOMATENSOSSE

Zutaten:

300 Gramm grüne Bohnen
½ Teelöffel Salz
½ Liter Wasser
50 Gramm Tomatenmark
2 Esslöffel Butter
1 Prise Pfeffer
1 zerkleinerte Zwiebel
1 Prise Muskatnuss
2 Esslöffel Weißwein
Salz nach Geschmack

Zubereitung:
Bohnen waschen und beide Enden abschneiden. In 2 Teile schneiden und in einem Topf mit gesalzenem Wasser 10 Minuten kochen. In einer Pfanne die Butter erhitzen, Zwiebel darin 2 Minuten anbraten. Alle Zutaten zugeben. Dann die Bohnen mit ½ Liter Bohnenwasser zu schütten. Auf kleiner Flamme 5 Minuten in der geschlossenen Pfanne kochen.

ÑAME EN SALSA

Ingredientes:

500 gramos de ñame
2 cebollas picadas en ruedas
2 ramitas de perejil
2 dientes ajo picaditos
1 ramita de culantro
½ cucharadita de caldo concentrado
50 gramos de pasta de tomate
1 cucharada de mantequilla
2 cucharadas de aceite de oliva
100 mililitros de agua
1 cucharadita de sal
1,5 litro de agua

Instrucciones:

Ponga a hervir en una olla 1,5 litro de agua con la sal. Pele el ñame y cocínelo durante 20 minutos, con la olla tapada. Mientras tanto, caliente aceite en una sartén y sofría luego la cebolla y el ajo hasta dorarse. Añada entonces la mantequilla, pasta de tomate, perejil, culantro y el caldo concentrado. Remuévalo bien y a la vez viértale el agua. Cocínelo durante 5 minutos. Saque el ñame de la olla, rebánelo en ruedas y sírvalo rociado con la salsa.

YAMSWURZEL IN SOSSE

Zutaten:

500 Gramm Yamswurzel
2 in Scheiben geschnittene Zwiebeln
1,5 Liter Wasser
2 Stengel Petersilie
2 zerkleinerte Knoblauchzehen
1 Stengel Rosmarin
½ Teelöffel MAGGI-Brühe
50 Gramm Tomatenmark
1 Esslöffel Butter
2 Esslöffel Olivenöl
0,1 Liter Wasser
1 Teelöffel Salz

Zubereitung:

1,5 Liter Wasser mit Salz in einem Topf aufkochen. Yamswurzel schälen und 20 Minuten im geschlossenen Topf kochen. In einer Pfanne Öl erhitzen, Zwiebel und Knoblauch anbraten. Dann Butter, Tomatenmark, Petersilie, Rosmarin und Brühe zugeben, gut umrühren und gleichzeitig Wasser aufgießen. 5 Minuten kochen. Yamswurzel aus dem Wasser nehmen, in Scheiben schneiden. Beim servieren die Tomatensoße darüber gießen.

CALABAZA HERVIDA

Ingredientes:

500 gramos de calabaza

8 cucharadas de aceite

2 dientes de ajo

1 hoja de laurel

½ cucharadita de sal

5 litro de agua

Instrucciones:

Pele la calabaza y quítele las semillas, límpiela bien y córtela en trozos de 4 centímetros. Ponga a hervir el agua con la sal. Cuando esté hirviendo añada los trozos de calabaza y la hoja de laurel. Cocínela durante 25 minutos. Machaque bien el ajo y agregue el aceite. Remuévalo bien y viértalo sobre la calabaza al servirla, con sal a gusto.

GEKOCHTER KÜRBIS

Zutaten:

500 Gramm Kürbis

8 Esslöffel Öl

2 Knoblauchzehen

1 Lorbeerblatt

½ Teelöffel Salz

1,5 Liter Wasser

Zubereitung:

Den Kürbis ausschälen, Kerne entfernen und in 4 Zentimeter große Stücke schneiden. Wasser mit Salz aufkochen, Kürbisstücke und Lorbeerblatt zugeben und 25 Minuten kochen. Knoblauch pressen und in Öl anschwitzen, umrühren. Über den servierten Kürbis gießen. Nach Geschmack salzen.

BERENJENA EN CACEROLA

Ingredientes:

100	*mililitros de agua*
2	*cucharadas de zumo de limón*
2	*berenjenas*
4	*cucharadas de aceite*
1	*diente de ajo*
50	*gramos de jamón en trocitos*
4	*cucharadas perejil*
2	*cebollas en trocitos*
½	*cucharadita de sal*
1	*cucharada de caldo concentrado*
50	*gramos de pasta de tomate*

Instrucciones:
Caliente la olla con el aceite 2 minutos. Sofría ligeramente el jamón, cebolla, perejil, y ajo, agregue la pasta de tomate, sal, zumo de limón, caldo concentrado y el agua. Coloque las berenjenas cortadas en ruedas.Tape la olla y cocínelas 10 minutos. ¡Buen apetito!

AUBERGINE IM SCHMORTOPF

Zutaten:

100	*Milliliter Wasser*
2	*Esslöffel Zitronensaft*
2	*Auberginen*
1	*Knoblauchzehe*
4	*Esslöffel Öl*
4	*Esslöffel Petersilie*
50	*Gramm gewürfelter Schinken*
½	*Teelöffel Salz*
2	*gewürfelte Zwiebel*
50	*Gramm Tomatenmark*
1	*Esslöffel MAGGI-Brühe*

Zubereitung:
Das Öl 2 Minuten im Topf erhitzen, Schinken, Zwiebel, Petersilie und Knoblauch anbraten. Tomatenmark, Salz, Zitronensaft, MAGGI-Brühe und Wasser zugeben. Die in Scheiben geschnittenen Auberginen hineingeben. Topf schließen und 10 Minuten kochen. Guten Appetit!

ENSALADA DE AJI

Ingredientes:

2 ajíes pimientos rojos
3 cucharaditas de aceite de oliva
2 ajíes pimientos verdes
2 ajíes pimientos amarillos
1 cucharadita de zumo de limón
2 cucharaditas de vinagre
Una pizca de pimienta verde
Sal a gusto

Instrucciones:

Lave completamente los ajíes. Séquelos y póngalos en el horno a 150 grados durante 25 minutos. Cuando se hayan ennegrecido parcialmente retírelos del horno, échelos en una cazuela con agua fría y pínchelos para que expulsen el aire que tienen dentro. Ábralos dentro del agua y quíteles la corteza y las semillas, hasta que queden completamente limpios. Córtelos en tiras y sírvalos en un plato formando un arcoiris culinario. Una aceite, limón, pimienta y vinagre en una tasa y remueva el conjunto. Agréguele la sal y colóquelos sobre la ensalada

PAPRIKASALAT

Zutaten:

2 rote Paprika
3 Teelöffel Olivenöl
2 grüne Paprika
1 Teelöffel Zitronensaft
2 gelbe Paprika
Salz nach Geschmack
2 Teelöffel Essig
1 Prise weißer Pfeffer

Zubereitung:

Die Paprika waschen, abtrocknen und für 25 Minuten in den Backofen bei 150 Grad legen. Wenn der Paprika braune Stellen annimmt aus dem Ofen nehmen, in eine Schüssel mit kalten Wasser legen, anstechen, damit die Luft entweicht. Im Wasser die Paprika öffnen und von der Haut und Kernen säubern. In Streifen schneiden und auf einem Teller als kulinarischen Regenbogen servieren. In einer Tasse Öl, Zitrone, Pfeffer und Essig gut umrühren. Salzen und über den Salat gießen. Guten Appetit!

ESPINACA

Ingredientes:

2 kilogramos de espinaca

2 cucharadas de mantequilla

3 litros de agua

½ cucharadita de pimienta

1 cebolla picadita

100 gramos de tocino picadito

1 cucharadita de sal

Instrucciones:

Ponga a hervir el agua en una olla, y cuando comience la ebullición échele las hojas de espinaca y cocínelas durante 10 minutos. Baje la olla y escurra la espinaca en una coladera. Cuando se enfríe córtela en trozos lo más pequeños posible. Caliente una sartén durante 5 minutos y dore el tocino. Añada la cebolla y remueva durante 2 minutos. Agregue entonces mantequilla, espinaca y la sal, tape la sartén y cocínelo a fuego lento durante 4 minutos. ¡Buen provecho!

SPINAT

Zutaten:

2 Kilogramm Spinat

2 Esslöffel Butter

3 Liter Wasser

½ Teelöffel Pfeffer

1 zerkleinerte Zwiebel

100 Gramm gewürfelter Speck

1 Teelöffel Salz

Zubereitung:

In einem Topf das Wasser aufkochen. Spinatblätter 10 Minuten kochen. Feuer klein stellen und Spinat in einer Schüssel abtropfen und abkühlen. Dann Spinat mit einem Messer so klein wie möglich schneiden. In einer erhitzen Pfanne den Speck ausbraten, Zwiebel zugeben und 2 Minuten umrühren. Butter, Spinat und Salz zugeben. Pfanne abdecken und 4 Minuten kochen. Guten Appetit!

BERENJENA RELLENA

Ingredientes:

2 berenjenas

100 gramos de picadillo de carne

1 huevo

½ cucharada de sal

¼ cucharadita de pimienta en polvo

1 cebolla picadita

6 cucharadas de pasta de tomate

2 tomates cortados en trocitos

4 cucharaditas de vino blanco seco

0,4 litro de agua

2 cucharadas de aceite

Instrucciones:
Mezcle el picadillo con la cebolla, sal, pimienta y huevo. Remuévalo bien. Corte las berenjenas a lo largo en dos mitades: quíteles y bóteles las semillas. Rellene las berenjenas con el picadillo. Ponga a calentar el aceite a fuego lento durante 4 minutos. Sofría durante 2 minutos el tomate picadito junto a la pasta. Agregue el vino y coloque las berenjenas dentro de la olla con el relleno hacia arriba. Échele el agua y ¼ cucharadita de sal. Tape la olla y cocine durante 20 minutos a fuego lento. ¡Buen provecho!

GEFÜLLTE AUBERGINE

Zutaten:

2 Auberginen

100 Gramm Hackfleisch

1 Ei

¼ Teelöffel Pfefferpulver

½ Esslöffel Salz

2 kleingeschnittene Tomaten

1 zerkleinerte Zwiebel

4 Esslöffel trockener Weißwein

6 Esslöffel Tomatenmark

0,4 Liter Wasser

2 E}sslöffel Öl

Zubereitung:
Das Hackfleisch mit Zwiebel, Salz , Pfeffer und Ei gut vermischen. Auberginen längs in 2 Hälften schneiden und die Kerne entfernen. Mit der Hackfleischmasse füllen. In einem Tiegel das Öl bei geringer Hitze 4 Minuten erhitzen. Tomate und Tomatenmark 2 Minuten lamg anbraten, Wein zugießen und die Auberginen in den Topf legen, mit dem Hackfleisch nach oben. Wasser und Salz zugeben. Topf schließen und 20 Minuten auf kleiner Flamme garen. Guten Appetit!

COLIFLOR

Ingredientes:

2 cucharadas de jugo de limón

2 granitos de pimienta

0,2 litro de agua

4 cebollas picaditas

250 gramos de coliflor, cortada en trocitos medianos

½ cucharada de caldo concentrado

1 cucharadita de sal

3 cucharadas de aceite

1 hoja de laurel

100 gramos de pasta de tomate

1 diente de ajo

¼ cucharadita de nuez moscada rallada

Instrucciones:
Ponga a hervir el laurel y la coliflor -cortada en trocitos medianos- en 1,5 litro de agua con la sal, durante 20 minutos. Ponga la sartén a calentar con el aceite durante 2 minutos. Eche las cebollas picaditas y dórelas bien. Luego la pimienta, ajo y al minuto la pasta de tomate. Agréguele la coliflor, limón, caldo concentrado, la nuez moscada y 0,2 litro del agua donde se cocinó la coliflor. Remuévalo bien. Tape la olla y cocínela durante 5 minutos a fuego lento.

BLUMENKOHL

Zutaten:

2 Esslöffel Zitronensaft

2 Pfefferkörner

0,2 Liter Wasser

4 zerkleinerte Zwiebel

250 Gramm in mittelgroße Stücke zerteilter Blumenkohl

½ Esslöffel MAGGI-Brühe

1 Teelöffel Salz

3 Esslöffel öl

1 Lorbeerblatt

100 Gramm Tomatenmark

1 Knoblauchzehe

¼ Teelöffel geriebene Muskatnuss

Zubereitung:
Zerkleinerten Blumenkohl in 1,5 Liter Wasser mit Salz und Lorbeerblatt 20 Minuten kochen. In einer Pfanne 2 Minuten das Öl erhitzen, Zwiebel anbraten. Pfeffer, Knoblauch und Tomatenmark sowie Blumenkohl, Zitrone, MAGGI-Brühe, Muskatnuss und 0,2 Liter vom Blumenkohlwasser zugeben. Gut umrühren. Topf schließen und 5 Minuten auf kleinem Feuer kochen.

PAPA CON QUESO

Ingredientes:

400 gramos de papas

1 litro de caldo de gallina o de res

¼ cucharadita de pimienta

50 gramos de queso molido

2 c ucharadas de mantequilla

Instrucciones:
Pele las papas y rebánelas en ruedas de 2 centímetros. Póngalas a hervir durante 20 minutos en el caldo. Bote el agua y deje las papas en la olla. Agregue la mantequilla y échele por encima la pimienta junto con el queso molido. Tape la olla y cocínelas durante 5 minutos a fuego lento.

KARTOFFELN MIT KÄSE

Zutaten:

400 Gramm Kartoffeln

1 Liter Hühnerbrühe oder

50 Gramm geriebener Käse MAGGI-Brühe

¼ Teelöffel Pfeffer

2 Esslöffel Butter

Zubereitung:
Kartoffeln schälen und in 2 Zentimeter dicke Scheiben schneiden. In der Brühe 20 Minuten kochen, Wasser abgießen und Kartoffeln im Topf lassen. Butter zugeben, Pfeffer und geriebenen Käse darüber geben. Topf schließen und 5 Minuten auf kleiner Flamme kochen.

ZANAHORIA CON QUESO

Ingredientes:

400 gramos de zanahorias
1 litro de caldo de gallina o de res
¼ cucharadita de pimienta
50 gramos de queso molido
2 cucharadas de mantequilla

Instrucciones:
Pele las zanahorias y divídalas a la mitad a lo largo. Póngalas a hervir durante 20 minutos en caldo. Bótele el agua y deje las zanahorias en la olla. Agregue la mantequilla y échele por encima la pimienta junto con el queso molido. Tape la olla y cocine durante 5 minutos a fuego lento.

MÖHREN MIT KÄSE

Zutaten:

400 Gramm Möhren
1 Liter Hühner- oder MAGGI-Brühe
50 Gramm geriebener Käse
¼ Teelöffel Pfeffer
2 Esslöffel Butter

Zubereitung:
Möhren schälen und längs halbieren. 20 Minuten in der Brühe kochen. Wasser abgießen, Möhren im Topf lassen. Butter, Pfeffer und geriebenen Käse darüber geben. Topf schließen und 5 Minuten auf kleiner Flamme kochen.

ESPAGUETIS CON SALSA DE TOMATE

Ingredientes:

500 gramos de espaguetis
100 gramos de pasta de tomate
2 dientes de ajo picaditos
½ cebolla picadita
1 cucharada de sal
1 cucharada de mantequilla
¼ cucharadita de pimienta
1 cucharadita de vino blanco seco
3 ramitas de salvia
1 cucharada de aceite de oliva
1,5 litro de agua
100 gramos de queso rallado

Instrucciones:
Ponga el agua a calentar en la olla. Cuando esté hirviendo, échele la sal y el vino, luego los espaguetis. A los 2 minutos remuévalos con el tenedor de cocina para que no se peguen. Cocine durante 8 minutos.
Ponga una sartén con el aceite al fuego y sofría la cebolla y el ajo. Cuando se estén dorando agregue la pasta de tomate, pimienta y la salvia. Remuévalo, manténgalo a fuego lento durante 4 minutos. Échele 0,1 litro o un cucharón del agua de cocción de los espaguetis. Remuévalo bien con la cuchara de madera y dele su punto de sal. Baje los espaguetis y póngalos a escurrir en una coladera 1 minuto. Viértalos en una fuente, agregue la mantequilla, remuévase bien. Sírvase. Añada la salsa de tomate y el queso rallado por encima. ¡Buen apetito!

SPAGHETTI MIT TOMATENSOSSE

Zutaten:

500 Gramm Spaghetti
100 Gramm Tomatenmark
2 zerkleinerte Knoblauchzehen
½ zerkleinerte Tomate
1 Teelöffel Salz
1 Esslöffel Butter
¼ Teelöffel Pfeffer
1 Teelöffel trockener
1 Esslöffel Olivenöl Weißwein
3 Stengel Salbei
1,5 Liter Wasser
100 Gramm geriebener Käse

Zubereitung:
Wasser in einem Topf aufkochen, dann Salz, Wein und schließlich die Spaghetti hineingeben. Nach 2 Minuten mit einer Gabel umrühren, damit die Spaghetti nicht verkleben. 8 Minuten lang sprudelnd kochen lassen.
In einer Pfanne das Öl erhitzen, Zwiebel und Knoblauch anbraten, Tomatenmark, Pfeffer und Salbei zugeben. Umrühren und 4 Minuten auf kleiner Flamme köcheln lassen. Mit 0,1 Liter oder einer Kelle Wasser aus dem Spaghettitopf auffüllen. Mit einem Holzlöffel gut verrühren und mit Salz abschmecken. Spaghetti in einem Sieb 1 Minute abtropfen lassen, dann in eine Schüssel geben und mit der Butter vermischen. Spaghetti servieren, Tomatensoße und geriebenen Käse darüber geben. Guten Appetit!

ESPAGUETIS CON CREMA DE QUESO

Ingredientes:

500 gramos de espaguetis
50 gramos de requesón
0,25 litro de crema de leche
½ ají pimiento rojo
Una pizca de pimienta
Una pizca de picante
1 cucharadita de sal
1 diente de ajo picadito
200 gramos de carne de cerdo
1 cucharada de aceite de oliva
1 cucharada de vino blanco seco

Instrucciones:
Ponga la olla con el agua al fuego. Cuando esté hirviendo, agregue la sal, el vino y los espaguetis. A los 2 minutos remuévalos con el tenedor para que no se peguen. Cocínelos durante 8 minutos.
Caliente aceite en una sartén. Corte la carne en cuadritos pequeños y sofríala con una pizca de sal y pimienta hasta dorarse. Ponga los demás ingredientes en la coctelera y bátalos durante 5 minutos. Añádale esta crema a la carne y cocínela durante 5 minutos. Escurra los espaguetis durante un minuto. Viértalos en la sartén y remuévalos bien. ¡Buen apetito!

SPAGHETTI MIT KÄSE-SAHNE-SOSSE

Zutaten:

500 Gramm Spaghetti
50 Gramm Quark
0,25 Liter Sahne
½ rote Paprika
1 Prise Pfeffer
1 Prise scharfes
1 Teelöffel Salz
Paprikapulver
200 Gramm Schweinefleisch
1 zerkleinerte Knoblauchzehe
1 Esslöffel Olivenöl
1 Esslöffel trockener Weißwein

Zubereitung:
Wasser in einem Topf aufkochen, dann Salz, Wein und schließlich die Spaghetti hineingeben. Nach 2 Minuten mit einer Gabel umrühren, damit die Spaghetti nicht verkleben. 8 Minuten lang sprudelnd kochen lassen.
In einer Pfanne das Öl erhitzen. Das Fleisch in kleine Würfel schneiden, mit einer Prise Salz und Pfeffer anbraten. Die anderen Zutaten in einem Mixer 5 Minuten vermischen. Die Sahne zum Fleisch geben und 5 Minuten kochen lassen. Spaghetti in einem Sieb 1 Minute abtropfen, dann in die Pfanne geben und gut umrühren. Guten Appetit!

ESPAGUETIS CRIOLLOS

Ingredientes:

500 gramos de espaguetis
½ ají pimiento rojo cortado en tiras
1 cebolla cortada en ruedas
200 gramos de carne de cordero
½ ají pimiento verde cortado en tiras
4 dientes de ajo picaditos
¼ cucharadita de comino
¼ cucharadita de pimienta
Una pizca de nuez moscada
1 cucharadita de sal
4 cucharadas de aceite de oliva
1 cucharada de mantequilla
1 cucharadita de salvia picadita
1 cucharada de vino blanco seco

Instrucciones:
Ponga la olla con el agua al fuego. Cuando esté hirviendo, eche la sal, el vino y los espaguetis. A los 2 minutos remuévalos con el tenedor de cocina para que no se peguen. Cocínelos durante 8 minutos.
Caliente aceite en una sartén durante 5 minutos. Corte la carne en tiras largas y sofríala durante otros 5 minutos volteándola constantemente. Añádale ají, cebolla, ajo, comino, pimienta, salvia, nuez moscada y sal al gusto. Remuévalo bien y cuando los ajíes estén dorados bájelos del fuego. Escurra los espaguetis en una coladera durante un minuto. Viértalos en una fuente, agregue la mantequilla, remueva bien y mézclelos con la carne. ¡Buen apetito!

SPAGHETTI AUF KREOLISCHE ART

Zutaten:

500 Gramm Spaghetti
½ rote Paprika, in Streifen geschnitten
200 Gramm Lammfleisch
1 in Ringe geschnittene Zwiebel
½ grüne Paprika, in Streifen geschnitten
4 Esslöffel Olivenöl
4 zerkleinerte Knoblauchzehen
¼ Teelöffel Pfeffer
¼ Teelöffel Kümmel
1 Teelöffel Salz
1 Löffelspitze Muskatnuss
1 Esslöffel Butter
1 Teelöffel zerkleinerter Salbei
1 Esslöffel trockener Weißwein

Zubereitung:
Wasser in einem Topf aufkochen, dann Salz, Wein und schließlich die Spaghetti hineingeben. Nach 2 Minuten mit einer Gabel umrühren, damit die Spaghetti nicht verkleben. 8 Minuten lang sprudelnd kochen lassen.
Das Fleisch in lange Streifen schneiden.
In einer Pfanne das Öl 5 Minuten lang erhitzen, Fleisch zugeben und 5 Minuten unter ständigem Rühren anbraten. Paprika, Zwiebel, Knoblauch, Kümmel, Pfeffer, Salbei, Muskatnuss und Salz nach Geschmack zugeben. Gut umrühren und wenn die Paprika angebraten ist, das Feuer klein stellen. Spaghetti in einem Sieb 1 Minute abtropfen, dann in eine Schüssel geben, Butter zugeben und gut umrühren. Mit dem Fleisch vermischen. Guten Appetit!

MACARRONES CON POLLO

Ingredientes:

500 gramos de macarrones

0,2 litro de vino blanco

500 gramos de pollo

1 hoja de laurel

1 cucharadita de sal

1 cucharadita de maicena

100 mililitros de crema de leche

Una pizca de culantro en polvo

Una pizca de pimienta

1 cucharada de aceite de oliva

1 diente de ajo

Instrucciones:
Ponga a hervir el pollo en 2 litros de agua con la hoja de laurel, sal, y culantro, durante 25 minutos. Saque el pollo de la olla, deshuéselo y quite la piel. Eche los macarrones en el agua donde hirvió el pollo y cocínelos durante 12 minutos. A los 2 minutos remuévalos con el tenedor de cocina para que no se peguen.
Ponga a calentar aceite en una sartén. Sofría durante 2 minutos la masa de pollo desmenuzada con el ajo y la pimienta. Añada poco a poco la crema de leche, el vino y la maicena. Remueva bien con una cuchara de madera hasta que espese. Escurra los macarrones sacudiéndolos en una coladera durante 30 segundos. Mézclelos con la salsa y sírvase. ¡Buen provecho!

MAKKARONI MIT HÜHNERFLEISCH

Zutaten:

500 Gramm Makkaroni

0,2 Liter Weißwein

500 Gramm Huhn

1 Lorbeerblatt

1 Teelöffel Salz

1 Teelöffel feines Maismehl

100 Milliliter Sahne

1 Prise

1 Knoblauchzehe

Rosmarinpulver

1 Prise Pfeffer

1 Esslöffel Olivenöl

Zubereitung:
In einem Topf das Huhn in 2 Liter Wasser mit dem Lorbeerblatt, Salz, und Rosmarin 25 Minuten lang kochen. Huhn aus dem Topf nehmen, Knochen und Haut entfernen. Makkaroni in das Kochwasser geben und 12 Minuten kochen. Nach 2 Minuten mit einer Gabel umrühren, damit sie nicht verkleben. In einer Pfanne das Öl erhitzen, zerkleinertes Hühnerfleisch, Knoblauch und Pfeffer zugeben und 2 Minuten anbraten. Sahne, Wein und Maismehl nach und nach zugeben. Mit einem Holzlöffel gut umrühren, bis es dick wird. Makkaroni in einem Sieb 30 Sekunden schütteln, damit sie gut abtropfen. Mit der Soße vermischen und servieren. Guten Appetit!

MACARRONES A LA MARINERA

Ingredientes:

500 gramos de macarrones
100 gramos de camarones
200 gramos de masa de pescado
100 gramos de masa de cangrejo
100 gramos de almejas
100 gramos de calamares
1 cebolla picadita
4 dientes de ajo picaditos
½ cucharadita de pimienta blanca
1 cucharadita de sal
5 cucharadas de pasta de tomate
10 cucharadas de crema de leche
100 mililitros de vino blanco seco
1 cucharada de maicena
1 cucharada de mantequilla
4 cucharadas de aceite de oliva

Instrucciones:
Ponga la olla con el agua a cocinar. Cuando esté hirviendo, eche los macarrones. A los 2 minutos remueva con un tenedor para que no se peguen. Cocínelos durante 12 minutos.

Caliente aceite en una sartén, a fuego lento durante 4 minutos. Sofría la masa de pescado y los mariscos cortados en pedazos, junto a la cebolla, pimienta, ajo y sal durante 4 minutos a todo fuego, removiéndolo bien. Agregue la pasta de tomate, vino, crema de leche y la maicena. Remueva con una cuchara de madera hasta espesarse. Escurra los macarrones sacudiéndolos en una coladera durante 30 segundos. Viértalos en una fuente, agregue la mantequilla y la mariscada. ¡Buen provecho!

MAKKARONI NACH SEEMANNSART

Zutaten:

500 Gramm Makkaroni
100 Gramm Garnelen
200 Gramm Fisch
100 Gramm Krebsfleisch
100 Gramm Austern
100 Gramm Tintenfisch
1 zerkleinerte Zwiebel
4 zerkleinerte Knoblauchzehen
4 Esslöffel Olivenöl
1 Esslöffel feines Maismehl
½ Teelöffel weißer Pfeffer
1 Teelöffel Salz
5 Esslöffel Tomatenmark
10 Esslöffel Sahne
1 Esslöffel Butter
0,1 Liter trockener Weißwein

Zubereitung:
In einem Topf Wasser mit Salz zum Kochen bringen und die Makkaroni hineingeben. Nach 2 Minuten umrühren, damit sie nicht verkleben, insgesamt 12 Minuten lang kochen.
In einer Pfanne das Öl auf kleiner Flamme 4 Minuten erhitzen. In Stücke geschnittenen Fisch und Meeresfrüchte, Zwiebel, Pfeffer, Knoblauch und Salz zugeben, gut umrühren und 4 Minuten auf großer Flamme anbraten. Tomatenmark, Wein, Sahne und Maismehl zugeben, mit Holzlöffel umrühren, bis es dick wird. Makkaroni in einem Sieb 30 Sekunden schütteln, damit sie gut abtropfen. In eine Schüssel geben, Butter und Soße aus Meeresfrüchten darüber gebe, vermischen. Guten Appetit!

CARNE DE RES CON PAPA

Ingredientes:

250 gramos de carne de res
50 gramos de pasta de tomate
1,5 litro de agua
4 cucharadas de aceite de oliva
1 cebolla mediana picadita
Un pizca de orégano
1 diente de ajo machacado
1 ají pimiento picadito
200 gramos de papas
1 hoja de laurel
1 cucharadita de sal
½ cucharadita de comino molido
4 cucharadas de vino seco tinto

Instrucciones:
Pele las papas y córtelas en 4 partes. Sofríalas en una olla con el aceite y la carne hasta que se doren, removiendo constantemente para que no se quemen. Agregue todas las especias y sofría durante 5 minutos. Añada el vino, agua y la sal. Tape la olla y cocine durante 30 minutos. Pasado ese tiempo agregue la pasta de tomate y póngalo a fuego lento 10 minutos. ¡Buen apetito!

RINDFLEISCH MIT KARTOFFELN

Zutaten:

250 Gramm Rindfleisch
50 Gramm Tomatenmark
1,5 Liter Wasser
4 Esslöffel Olivenöl
½ zerkleinerte Zwiebel
1 Prise Oregano
1 zerdrückte Knoblauchzehe
1 zerkleinerte Paprika
200 Gramm Kartoffel
1 Lorbeerblatt
1 Teelöffel Salz
½ Teelöffel gemahlener
4 Esslöffel trockener Rotwein Kümmel

Zubereitung:
Kartoffeln schälen, in 4 Teile schneiden, in einem Topf im Öl mit dem Fleisch anbraten. Ständig umrühren, damit sie nicht anbrennen. Alle Zutaten zugeben und 5 Minuten anbraten. Wein, Wasser und Salz zugeben. Topf schließen und 30 Minuten kochen. Danach Tomatenmark zugeben und auf kleinem Feuer 10 Minuten weiter kochen. Guten Appetit!

BOLICHE MECHADO

Ingredientes:

1 kilogramo de boliche de res
6 cucharadas de aceite
1 hojita de laurel
2 cucharadas de sal
1 chorizo
50 mililitros de vino seco
1 cucharada de tocino
20 mililitros de ron Havana club
1 cucharada de jugo de limón
0,1 litro de jugo de naranja
2 cebollas grandes

Instrucciones:
Caliente el aceite en una olla durante 4 minutos. Eche la carne junto con el chorizo y el tocino hasta dorarse, bájele el fuego y cocínelo durante 10 minutos. Para mechar la carne debe pincharse en distintas direcciones, atravesándola con la punta del cuchillo. Añádale de inmediato ron, jugo de naranja, vino, laurel, cebollas en trozos y ½ cucharadita de sal. Tape la olla y cocínelo al fuego mínimo durante 60 minutos. Cuando esté listo, rebane el boliche en rodajas de un centímetro. Espese la salsa con una cucharadita de harina de trigo, diluyéndola en ½ tasa de agua fría antes de echarla. Remuévala bien y cocínela durante otros 2 minutos. ¡Buen provecho!

GESPICKTER RINDERBRATEN

Zutaten:

1 Kilogramm Rindfleisch
6 Esslöffel Öl
1 Lorbeerblatt
2 Esslöffel Salz
1 Paprikawurst
50 Milliliter trockener Weißwein
2 große Zwiebeln
20 Milliliter Rum Havana Club
1 Esslöffel Speck
0,1 Liter Apfelsinensaft
1 Esslöffel Zitronensaft

Zubereitung:
Das Öl in einem Topf 4 Minuten erhitzen. Das Fleisch mit Paprikawurst und Speck anbraten, auf kleiner Flamme 10 Minuten kochen lassen. Um das Fleisch zu spicken, muss es mit der Prise in verschiedene Richtungen eingeritzt werden. Dann sofort Rum, Apfelsinensaft, Wein, Lorbeer, in Stücke geschnittene Zwiebel und ½ Teelöffel Salz zugeben. Topf schließen und auf kleiner Flamme 60 Minuten kochen. Fleisch in 1 Zentimeter dicke Scheiben schneiden. 1 Teelöffel Weizenmehl in ½ Tasse kalten Wassers einrühren und in die Soße geben. Gut umrühren und 1 Minute kochen lassen. Guten Appetit!

CARNE DE RES ASADA

Ingredientes:

- 1 *kilogramo de carne de res*
- 2 *cucharaditas de vino seco*
- 50 *mililitros de agua*
- 1 *cucharadita de harina de trigo*
- 2 *dientes de ajo picaditos*
- 2 *mililitros de ron Habana Club*
- 1 *hoja de laurel*
- 4 *cucharadas de aceite*
- ¼ *cucharadita de orégano tostado*
- ¼ *cucharadita de pimienta*
- 1 *cucharadita de sal*
- 2 *cucharaditas de vinagre*
- 4 *cucharadas de caldo concentrado*
- 2 *cebollas picaditas*

Instrucciones:

El aderezo para adobar la carne debe prepararse dos horas antes de ponerla al horno. Remueva en una olla todas las especies, y agregue vino, vinagre, ron y sal. Pinche la carne por varias partes con la punta del cuchillo a una profundidad de 2 centímetros y échele el adobo por encima. Introduzca pedacitos de ajo y cebolla en la carne. Ponga la carne 2 horas en el horno a una temperatura de 180 grados, pinchándola cada 30 minutos con un tenedor o cuchillo. Cuando la carne esté lista, póngala en una fuente y córtela en ruedas de un centímetro. Extraiga de la bandeja del horno el jugo de la carne y póngalo a cocinar a fuego lento. Agregue las 4 cucharadas de aceite y remueva bien. Cuando esté caliente, añada la cucharadita de harina de trigo en los 50 mililitros de agua fría, remuévalo bien y écheselo al jugo. Cocine durante 2 minutos, removiendo constantemente. ¡Listo! Derrámelo sobre la carne. ¡Buen apetito!

RINDERSCHMORBRATEN

Zutaten:

1	*Kilogramm Rindfleisch*
2	*Esslöffel*
1	*Teelöffel Weizenmehl trockener Wein*
50	*Milliliter Wasser*
20	*Milliliter Rum Havanna Club*
2	*zerkleinerte Zwiebeln*
2	*zerkleinerte Knoblauchzehen*
4	*Esslöffel Öl*
1	*Lorbeerblatt*
¼	*Teelöffel Pfeffer*
¼	*Teelöffel Oregano*
1	*Teelöffel Salz*
2	*Teelöffel Essig*
4	*Esslöffel MAGGI-Brühe*

Zubereitung:
Alle Zutaten in einem Schmortopf zu einer Würzsoße andünsten, gut umrühren, Wein, Essig, Rum und Salz zugeben. Das Fleisch mit einer Prise mehrmals ca. 2 Zentimeter tief einschneiden, mit der Pökelsoße begießen und Knoblauch und Zwiebelstücke in das Fleisch stecken. Das Fleisch bleibt 2 Stunden vor der Zubereitung im Ofen in der Würzsoße.
Den Braten 2 Stunden im Ofen bei einer Temperatur von 180 Grad schmoren lassen, dabei alle 30 Minuten mit einer Gabel oder Messer einstechen. Ist das Fleisch weich, wird es in eine Schüssel gelegt und in 1 Zentimeter dicke Scheiben geschnitten. Den Schmortopf mit dem Bratensaft aus dem Ofen nehmen und auf kleines Feuer stellen. 4 Esslöffel Öl zugeben, gut umrühren. Weizenmehl in 50 Milliliter Wasser einrühren und zum Bratensaft geben. Unter ständigem Umrühren 2 Minuten kochen. Fertig! Über das Fleisch gießen. Guten Appetit!

ALBONDIGAS EN SALSA DE TOMATE - FLEISCHKLÖßCHEN IN TOMATENSOSSE

BISTEC ENROLLADO

Ingredientes:

800 gramos de filete de res
50 mililitros de agua
10 mililitros de ron Habana Club
2 cucharadas de vino tinto seco
50 gramos de jamón picadito
4 cucharadas de aceite
1 cebolla picadita
2 cucharadas de zumo de limón
1 diente de ajo picadito
4 cucharaditas de mostaza
2 cucharadas de tocino picadito
½ cucharadita de sal
Una pizca de pimienta

Instrucciones:

Corte la carne en 4 lascas bien finas. Unte la mostaza a la carne por un solo lado. Agregue a cada uno de ellos el picadillo de jamón, tocino junto con la cebolla y el ajo en el centro de la carne. Enrolle cada lasca y sujételas con las agujas de cocina. Ponga a calentar aceite en una sartén. Dore los rollos por todas partes. Agréguele el ron, vino, agua, zumo de limón y la ½ cucharadita de sal. Tape la sartén y cocínelo durante 10 minutos a fuego lento.

RINDERSTEAKROULADEN

Zutaten:

800 Gramm Rinderfilet
2 Esslöffel trockener Rotwein
10 Milliliter Rum Havana Club
50 Milliliter Wasser
50 Gramm zerkleinerter Schinken
4 Esslöffel Öl
1 zerkleinerte Zwiebel
2 Esslöffel Zitronensaft
1 zerkleinerte Knoblauchzehe
½ Teelöffel Salz
2 Esslöffel gewürfrlterSpeck
4 Teelöffel Senf
1 Prise Pfeffer

Zubereitung:

Fleisch in 4 dünne Steaks schneiden. Auf einer Seite mit Senf bestreichen, dann in der Mitte mit Schinken, Speck, Zwiebel und Knoblauch belegen. Fleischscheiben einrollen und mit Rouladennadeln verschließen. In einer Pfanne Öl erhitzen und Rouladen von allen Seiten anbraten. Mit Rum flambieren, dann Wein, Wasser, Zitronensaft und ½ Teelöffel Salz zugeben. Topf schließen und 10 Minuten auf kleiner Flamme kochen.

ALBONDIGAS EN SALSA DE TOMATE

Ingredientes:

500 gramos de picadillo de res
1 hoja de laurel
100 gramos de picadillo de cerdo
1 cucharada de caldo concentrado
150 gramos de picadillo de jamón
Harina de pan rallado
2 huevos
1 cucharadita de sal
2 cucharaditas de zumo de limón
Una pizca de nuez moscada
2 ramitas de culantro picaditas
2 cucharadas de aceite
Una pizca de pimienta
1 cucharada de ron Havana Club
100 gramos de pasta de tomate1 cebolla picadita
½ ají pimiento picadito
¼ cucharadita de comino en grano

Instrucciones:
Muela el picadillo junto con el ají, la cebolla y el ajo. Agregue la sal y los huevos. Mézclelo bien. Forme unas albóndigas con las manos y páselas por la harina de pan. Caliente el aceite en una olla durante 4 minutos. Sofría el comino junto con el culantro y la pimienta. Luego añada la pasta de tomate, la nuez moscada, laurel, el caldo concentrado, limón, ron y 0,3 litro de agua. Tape la olla. Cuando comience a hervir, eche las albóndigas y cocínelas durante 20 minutos a fuego lento con la olla tapada.

FLEISCHKLÖßCHEN IN TOMATENSOSSE

Zutaten:

500 Gramm Rinderhack
100 Gramm Schweinehack
150 Gramm feingehackter Schinken
2 Teelöffel MAGGI-Brühe
2 Eier
Paniermehl
2 Teelöffel Zitronensaft
1 Lorbeerblatt
2 Esslöffel Öl
1 Teelöffel Salz
1 Esslöffel Rum Havanna Club, 7 Jahre
1 Prise Muskatnuss
100 Gramm Tomatenmark
¼ Teelöffel Kümmel
½ zerkleinerte Paprika
2 Stengel Rosmarin
1 Prise Pfeffer
1 zerkleinerte Zwiebel

Zubereitung:
Das Gehackte mit Paprika, Zwiebel und Knoblauch in eine Küchenmaschine zu einer Masse verarbeiten. Salz und Eier zugeben, gut durchmischen. Mit der Hand Fleischklößchen formen und im Paniermehl wälzen. In einem Topf das Öl 4 Minuten lang erhitzen, Kümmel, Rosmarin und Pfeffer anbraten. Tomatenmark, Muskatnuss, Lorbeer, Brühe, Zitrone, Rum und 0,3 Liter Wasser zugeben. Topf schließen. Nach dem Aufkochen die Fleischklößchen hineinlegen, Topf wieder schließen und auf kleiner Flamme 20 Minuten schmoren.

PICADILLO DE CARNE

Ingredientes:

500 gramos de picadillo de carne
1 ají pimiento verde
1 cebolla picadita
2 dientes de ajo
5 cucharadas de aceite
½ cucharadita de sal
25 gramos de aceitunas
4 tomates picaditos
10 centilitro de ron Havana Club
2 ramitas de culantro
100 gramos de papas en cuadritos pequeños

Instrucciones:

Caliente el aceite en la olla durante 4 minutos. Ponga a freír las papas y el picadillo. Remueva la masa constantemente durante 5 minutos. Agregue los demás ingredientes. Sofría 4 minutos más y échele 0,2 litro de agua. Tape la olla y cocine durante 15 minutos a fuego lento.

HACKFLEISCH

Zutaten:

500 Gramm Gehacktes
1 grüne Paprika
1 zerkleinerte Zwiebel
2 Knoblauchzehen
5 Esslöffel Öl
½ Teelöffel Salz
25 Gramm Oliven
4 zerkleinerte Tomaten
10 Milliliter Rum Havana Club
2 Stengel Rosmarin
100 Gramm kleingewürfelte Kartoffeln

Zubereizung:

Öl in einem Topf 4 Minuten erhitzen, Kartoffeln und Gehacktes braten, 5 Minuten ständig umrühren. Die anderen Zutaten zugeben, 4 Minuten anrösten und 0,2 Liter Wasser aufgießen. Topf schließen und 15 Minuten auf kleiner Flamme schmoren.

BISTEC A LA PLANCHA EN FLAMA

Ingredientes:

800 gramos de filete de res

4 dientes de ajo machacados

½ cucharadita de sal

¼ cucharadita de pimienta semimolida

1 cucharada de ron Havana Club

Instrucciones:

Caliente la plancha durante 10 minutos. Corte la carne en 4 partes y adobe con aceite, pimienta, sal y ajo. Póngalos sobre la plancha durante 4 minutos por cada lado. Añada el ron y póngale fuego.

¡Buen provecho!

FLAMBIERTES GRILLSTEAK

Zutaten:

800 Gramm Rinderfilet

4 zerdrückte Knoblauchzehen

½ Teelöffel Salz

1 Esslöffel Rum Havana Club

¼ Teelöffel grob gemahlener Pfeffer

Zubereitung:

Den Grill 10 Minuten erhitzen. Fleisch in 4 Teile schneiden, in Öl, Pfeffer, Salz und Knoblauch einlegen. Von jeder Seite 4 Minuten lang grillen. Auf einem Teller anrichten. Mit Rum übergießen und anzünden.

Guten Appetit!

FAJITAS DE TERNERA

Ingredientes:

500 gramos de ternera

2 dientes de ajo picadito

½ ají pimiento verde

8 cucharadas de vino tinto

½ ají pimiento rojo

50 mililitros de caldo

1 cebolla cortada en ruedas

½ cucharadita de sal

1 ramita de culantro

Una pizca de ají picante en polvo

5 cucharadas de aceite de oliva

50 gramos de pasta de tomate

Instrucciones:

Ponga a calentar el aceite en la sartén durante 4 minutos. Sofría durante 4 minutos la carne cortada en tiras largas. Agregue la sal, pimienta, ajíes cortados en tiras largas, culantro, cebolla y ajo. Remuévalo durante 2 minutos. Mezcle el picante, pasta de tomate, vino y el caldo. Añádalo a la carne. Tape la sartén y cocínelo durante 5 minutos a fuego lento. ¡Buen apetito!

Advertencia: Si sobrepasa el tiempo de cocción indicado la carne se endurecerá.

KALBSGESCHNETZELTES

Zutaten:

500 Gramm Kalbfleisch

2 zerkleinerte Knoblauchzehen

½ grüne Paprika

8 Esslöffel Rotwein

½ rote Paprika

½ Teelöffel Salz

1 in Scheiben geschnittene Zwiebel

1 Prise scharfes Paprikapulver

5 Esslöffel Olivenöl

50 Milliliter MAGGI-Brühe

1 Stengel Rosmarin

50 Gramm Tomatenmark

Zubereitung:

In einer Pfanne das Öl 4 Minuten erhitzen, das in lange Streifen geschnittene Fleisch 4 Minuten anbraten. Salz, Pfeffer, in Streifen geschnittenen Paprika, Rosmarin, Zwiebel und Knoblauch zugeben. 2 Minuten umrühren. Scharfes Paprikapulver, Tomatenmark, Wein und MAGGI-Brühe vermischen und zum Fleisch geben. Pfanne schließen und 5 Minuten auf kleiner Flamme schmoren.

Hinweis: Bei Überschreiten der angegebenen Garzeit wird das Fleisch zäh.

ESTOFADO DE TERNERA

Ingredientes:

500 gramos de carne de ternera

½ cucharadita pimienta

1 cucharada de sal

50 mililitros de vino blanco

1 litro de agua

Una pizca de comino

4 dientes de ajo machacados

4 cucharadas de aceite de oliva

2 cucharadas de vinagre

¼ ají pimiento verde

3 cucharaditas de perejil picadito

250 gramos de papas cortadas en trozos

1 cebolla picadita

2 ramitas de culantro picaditas

Instrucciones:

Ponga a calentar aceite en la olla durante 3 minutos. Sofría durante 4 minutos el ají, cebolla, ajo, pimienta, comino, papas y la carne cortada en trozos. Agréguele el vino, vinagre, sal, culantro y perejil y remuévalo bien. Tape la olla y cocínelo a fuego lento durante 35 minutos. ¡Buen apetito!

KALBSRAGOUT

Zutaten:

500 Gramm Kalbsfleisch

½ Teelöffel Pfeffer

1 Esslöffel Salz

50 Milliliter Weißwein

1 Liter Wasser

1 Prise Kümmel

4 zerdrückte Knoblauchzehen

4 Esslöffel Olivenöl

2 Esslöffel Essig

¼ grüne Paprika

3 Teelöffel zerkleinerte Petersilie

250 Gramm in Stücke geschnittene

2 Stengel Rosmarin

Kartoffeln

1 zerkleinerte Zwiebel

Zubereitung:

Im Topf das Öl 3 Minuten lang erhitzen, Paprika, Zwiebel, Knoblauch, Pfeffer, Kümmel, Kartoffeln und das in Stücke geschnittene Fleisch zugeben. 4 Minuten anbraten, dann Wein, Essig, Salz, Rosmarin und Petersilie zugeben und gut umrühren. Topf schließen und auf kleiner Flamme 35 Minuten kochen. Guten Appetit!

LOMO DE CERDO A LA JARDINERA

Ingredientes:

300 gramos de lomo de cerdo en trozos
1 cucharada de pimentón
2 tomates picaditos
100 gramos de habichuelas
100 gramos de papas
½ ají pimiento rojo
50 mililitros de vino tinto
100 gramos de zanahorias
½ litro de caldo
1 cebolla picadita
3 cucharadas de aceite de oliva
1 hoja de laurel
1 cucharada de sal
125 gramos de col
2 dientes de ajo picaditos

Instrucciones:
Ponga a calentar el aceite en la olla durante 4 minutos y sofría la carne hasta dorarse. Échele la cebolla, ajo, ají, papas y zanahorias y remuévalo durante 2 minutos. Luego agréguele los demás ingredientes. Tape la olla y cocine durante 40 minutos a fuego lento.

SCHWEINSLENDE NACH GÄRTNERINNENART

Zutaten:

300 Gramm Schweinslende, in Stücken
1 Esslöffel Paprikapulver
100 Gramm grüne Bohnen
2 zerkleinerte Tomaten
½ rote Paprika
100 Gramm Kartoffeln
100 Gramm Möhren
50 Milliliter Rotwein
1 zerkleinerte Zwiebel
½ Liter MAGGI-Brühe
3 Esslöffel Olivenöl
1 Lorbeerblatt
1 Esslöffel Salz
125 Gramm Kohl
2 zerkleinerte Knoblauchzehen

Zubereitung:
Das Öl in einem Topf 4 Minuten erhitzen und das Fleisch bis zur Bräunung anbraten. Dann Zwiebel, Knoblauch, Paprika, Kartoffeln und Möhren zugeben. 2 Minuten umrühren. Dann den Rest der Zutaten zugeben. Topf schließen und auf kleiner Flamme 40 Minuten kochen.

GARBANZOS CON PATICAS DE CERDO

Ingredientes:

500 gramos de garbanzos
3 cucharadas de perejil picado
4 paticas de cerdo
1 ají pimiento picadito
1 cucharada de sal
1 chorizo
25 gramos de alcaparras
150 gramos de jamón
2 cebollas picaditas
4 dientes de ajo machacados
¼ cucharadita de comino
2 cucharadas de tocino picadito
50 gramos de pasta de tomate
¼ cucharadita de ají picante

Instrucciones:
Ponga a cocinar los garbanzos con las paticas de cerdo en 4 litros de agua hasta ablandarlos, cuidando de que no se gaste el agua, pues no todos los garbanzos tienen igual consistencia. Cuando estén blanditos deben quedar 0,9 litro de líquido en la olla. Ponga a calentar aceite en una sartén. Échele el tocino, chorizo y el jamón y sofríalo durante 5 minutos y agregue esto a los garbanzos junto con los demás ingredientes. Cocine a fuego lento durante 20 minutos con la olla tapada.

KICHERERBSEN MIT SPITZBEIN

Zutaten:

500 Gramm Kichererbsen
3 Esslöffel gehackte Petersilie
4 Spitzbeine vom Schwein
1 Esslöffel Salz
1 zerkleinerte Paprika
25 Gramm Kapern
1 Paprikawurst
2 zerkleinerte Zwiebeln
150 Gramm Schinken
¼ Teelöffel Kümmel
4 zerdrückte Knoblauchzehen
50 Gramm Tomatenmark
2 Esslöffel klein geschnittener Speck
¼ Teelöffel Chilischote

Zubereitung:
Kichererbsen mit den Spitzbeinen in 4 Liter Wasser weich kochen. Darauf achten, dass das Wasser nicht verkocht (die Kichererbsen sind nicht immer von gleicher Beschaffenheit). Sind sie weich, muß 0,9 Liter Flüssigkeit im Topf verbleiben. In einer Pfanne Öl erhitzen, Speck, Paprikawurst und Schinken zugeben und 5 Minuten anbraten. Zu den Kichererbsen geben sowie den Rest der Zutaten. Im geschlossenen Topf 20 Minuten auf kleinem Feuer kochen.

APORREADO DE TASAJO

Ingredientes:

500 gramos de tasajo

4 dientes de ajo machacados

4 cucharadas de aceite de oliva

3 cucharadas de perejil picadito

1 tomate picadito

1 cebolla picadita

2 litros de agua

½ cucharada de sal

50 gramos de pasta de tomate

Instrucciones:

Ponga a cocinar la carne en los 2 litros de agua durante 30 minutos. Retírela de la olla y déjela enfriar. Luego rípiela en tiritas. Ponga a calentar aceite en la sartén durante 4 minutos. Eche el tasajo, cebolla, perejil, ajo y la sal. Sofríalo hasta dorarse y remuévalo durante 2 minutos. Agréguele el tomate picadito, pasta y 10 mililitros del caldo donde hirvió el tasajo. Tape la sartén y cocine a fuego lento durante 10 minutos.

DÖRRFLEISCHRAGOUT

Zutaten:

500 Gramm Dörrfleisch

4 zerdrückte Knoblauchzehen

4 Esslöffel Olivenöl

1 zerkleinerte Tomate

3 Esslöffel zerkleinerte Petersilie

2 Liter Wasser

1 zerkleinerte Zwiebel

50 Gramm Tomatenmark

½ Esslöffel Salz

Zubereitung:

Das Fleisch in 2 Liter Wasser 30 Minuten kochen. Aus dem Topf nehmen und abkühlen lassen, dann in Streifen schneiden. In der Pfanne das Olivenöl 4 Minuten lang erhitzen. Dörrfleisch, Zwiebel, Petersilie, Knoblauch und Salz hineingeben und anbraten. 2 Minuten lang gut verrühren. Zerkleinerte Tomate, Tomatenmark und 0,1 Liter der Kochbrühe zugeben. Topf zudecken und 10 Minuten auf kleiner Flamme köcheln lassen.

LENGUA EN SALSA DE TOMATE

Ingredientes:

400 gramos de lengua
50 gramos de pasta de tomate
1 centilitro de ron Havana Club
¼ cucharadita de pimienta
1 hoja de laurel
¼ cucharadita de comino
100 mililitros de agua
1 cucharadita rasa de sal
1 ají pimiento picadito
Una pizca de orégano
2 cucharadas de aceite de oliva
2 dientes de ajo picaditos

Instrucciones:
Lave bien la lengua y córtela en trocitos. Póngalos a hervir en un 1,2 litro de agua con la hoja de laurel, durante 25 minutos. Caliente aceite en una sartén durante 2 minutos. Sofría la lengua con el ají, ajo, comino, pimienta, sal y el orégano, removiéndolo bien durante 3 minutos. Agregue el ron, pasta de tomate y el agua. Tape la sartén y cocínela a fuego lento 10 minutos. ¡Buen provecho!

ZUNGE IN TOMATENSOSSE

Zutaten:

400 Gramm Rinderzunge
50 Gramm Tomatenmark
10 Milliliter Rum Havana Club
¼ Teelöffel Pfeffer
1 Lorbeerblatt
¼ Teelöffel Kümmel
0,1 Liter Wasser
1 Teelöffel Salz
1 zerkleinerte Paprika
1 Prise Oregano
2 Esslöffel Olivenöl
2 zerkleinerte Knoblauchzehen

Zubereitung:
Zunge gründlich abwaschen, in Stücke schneiden und in 1,2 Liter Wasser mit dem Lorbeerblatt 25 Minuten lang kochen. Danach in der Pfanne das Olivenöl 2 Minuten lang erhitzen, die Zunge mit Paprika, Knoblauch, Kümmel, Pfeffer, Salz und Oregano anbraten. 3 Minuten gut umrühren. Rum, Tomatenmark und Wasser zugeben, Topf zudecken und 10 Minuten auf kleiner Flamme köcheln. Guten Appetit!

BISTEC DE RES CRIOLLO

Ingredientes:

400 gramos de carne de res
5 cucharadas de aceite oliva
2 cebollas cortadas en ruedas
½ cucharadita de sal
2 cucharadas de jugo de limón
4 dientes de ajo
6 cucharadas de agua

Instrucciones:
Corte la carne en cuatro bistecs y macháquelos bien finos (5 milímetros) con la maceta de cocina. Adóbelos en un recipiente con limón, ajo y la sal unos 30 minutos antes de cocinarlos. Caliente aceite en una sartén durante 4 minutos. Fría los bistecs y cuando estén dorados, voltéelos y échele la cebolla encima. Cuando se haya dorado la parte de abajo, voltéelos de nuevo, de manera tal que la cebolla quede bajo el filete. Eche 6 cucharadas de agua y mueva la sartén para que las cebollas cojan el color dorado de los bistecs. A los 4 minutos ya están listos. ¡Buen apetito!

RINDERSTEAK NACH KREOLISCHER ART

Zutaten:

400 Gramm Rindfleisch
5 Esslöffel Olivenöl
2 in Ringe geschnittene Zwiebeln
½ TeeEsslöffel Salz
2 Esslöffel Zitronensaft
4 Knoblauchzehen
6 Esslöffel Wasser

Zubereitung in der Pfanne:
Das Fleisch in 4 Beefsteaks schneiden und mit dem Fleischklopfer recht dünn (auf 5 Millimeter Dicke) klopfen. In ein flaches Gefäß legen und mit dem Zitronensaft, Knoblauch und Salz vor dem Braten 30 Minuten lang beizen. In einer Pfanne das Öl 4 Minuten erhitzen, die Beefsteaks anbraten, umdrehen und Zwiebeln darauf legen. Ist die untere Seite angebraten, Fleisch nochmals wenden, so dass die Zwiebel unter dem Fleisch bleibt. Die 6 Esslöffel Wasser zugießen, Pfanne 4 Minuten schwenken, damit die Zwiebeln die gebräunte Farbe des Fleisches annehmen. Guten Appetit!

BISTEC DE VUELTA Y VUELTA

Ingredientes:

480 gramos de carne de res

¼ cucharadita de pimienta negra semimolida

2 dientes de ajo

¼ cucharadita de sal

4 cucharadas de aceite

Instrucciones en sarten:
Ponga a calentar aceite en una sartén durante 5 minutos. Corte la carne en 4 bistecs y fríalos volteándolos 2 veces cada 2 minutos. Bájelos del fuego. Aplaste los ajos, córtelos en pedacitos y sofríalos durante 2 minutos a fuego lento en el aceite donde frió la carne. Bañe los bistecs con este aceite, y espolvoree luego la pimienta y la sal.
¡Buen provecho!

ZWEIFACH GEWENDETES STEAK

Zutaten:

480 Gramm Rindfleisch

¼ Teelöffel schwarzer Pfeffer,

2 Knoblauchzehen grob gemahlen

¼ Teelöffel Salz

4 Esslöffel Öl

Zubereitung:
In der Pfanne das Öl 5 Minuten erhitzen. Fleisch in 4 Beefsteaks schneiden und 2 mal 2 Minuten pro Seite grillen. Fleisch aus der Pfanne nehmen, Knoblauch zerdrücken und in kleine Stücke zerteilen, in die Pfanne zum Bratöl geben und auf kleiner Flamme 2 Minuten anbraten. Das Öl auf die Steaks geben, dann Salz und Pfeffer zugeben.

HÍGADO FRITO CON CEBOLLA

Ingredientes:

500 gramos de hígado
6 cucharadas de aceite de oliva
2 cebollas cortadas en ruedas
1 cucharada de harina de pan rallado
¼ cucharadita de pimienta
2 cucharadas de vinagre
1 mililitro de ron Havana Club
1 ají pimiento verde
½ cucharadita de sal

Intrucciones:
Ponga a calentar aceite en una olla durante 2 minutos. Corte el hígado en trozos pequeños, sazónelo con sal y pimienta. Fríalo hasta dorarlo y añádale los demás ingredientes. Remueva constantemente durante 5 minutos. ¡Buen apetito!

GEBRATENE RINDSLEBER MIT ZWIEBEL

Zutaten:

500 Gramm Rindsleber
6 Esslöffel Olivenöl
2 in Ringe geschnittene Zwiebeln
1 Esslöffel Semmelmehl
¼ Teelöffel Pfeffer
1 Milliliter Rum Havana Club
2 Esslöffel Essig
½ Teelöffel Salz
1 grüne Paprika, gewürfelt

Zubereitung:
Öl in einem Topf 2 Minuten erhitzen. Leber in kleine Stücke schneiden, mit Salz und Pfeffer würzen. Leber braten, bis sie goldbraun wird, dabei die anderen Zutaten hinzugeben und 5 Minuten lang in der Pfanne bewegen. Guten Appetit!

HIGADO EN SALSA DE TOMATE

Ingredientes:

500 gramos de hígado
50 gramos de pasta de tomate
2 cebollas picaditas
4 cucharadas de aceite de oliva
3 dientes de ajo picadito
2 cucharadas de vino tinto
1 hoja de laurel
1 cucharada de mantequilla
Una pizca de pimienta
1 tomate picadito
½ cucharadita de sal
100 mililitros de agua

Instrucciones:
Ponga a calentar el aceite en una olla durante 2 minutos. Corte el hígado en trozos pequeños, sazonados con sal y pimienta. Fríalo hasta dorarlo, y échele los demás ingredientes menos la pasta de tomate y el agua. Remuévalo constantemente durante 5 minutos. Agréguele la pasta de tomate y el agua. Tape la olla y cocínelo a fuego lento durante 10 minutos.

RINDSLEBER IN TOMATENSOSSE

Zutaten:

500 Gramm Rindsleber
50 Gramm Tomatenmark
2 zerkleinerte Zwiebel
4 Esslöffel Olivenöl
3 zerkleinerte Knoblauchzehen
2 Esslöffel Rotwein
1 Lorbeerblatt
1 Esslöffel Butter
1 Prise Pfeffer
1 zerkleinerte Tomate
½ Teelöffel Salz
100 Milliliter Wasser

ZUBEREITUNG:
Öl im Topf 2 Minuten erhitzen. Leber in kleine Stücke schneiden, mit Salz und Pfeffer würzen und anbraten. Restliche Gewürze, außer Tomatenmark und Wasser, zugeben. 5 Minuten ständig umrühren, dann Tomatenmark und Wasser zugeben. Topf schließen und auf kleiner Flamme 10 Minuten kochen.

BISTEC DE HIGADO

Ingredientes:

- *4 bistecs de hígado*
- *2 dientes de ajo picaditos*
- *2 cebollas en ruedas*
- *½ cucharadita de sal*
- *Una pizca de pimienta*
- *6 cucharadas de aceite de oliva*
- *Harina de trigo*
- *10 mililitros de ron Havana Club*

Instrucciones:
Ponga a calentar aceite en una sartén durante 4 minutos, a fuego lento. Adobe los bistecs con la pimienta y la sal. Páselos por la harina de trigo y fríalos durante 10 minutos, volteándolos 4 veces. En la segunda vuelta agréguele el ajo, ron y cebolla.
¡Buen apetito!

RINDSLEBERSTEAK

Zutaten:

- *4 Scheiben Rindsleber*
- *2 zerkleinerte Knoblauchzehen*
- *2 in Ringe geschnittene Zwiebe*
- *l ½ Teelöffel Salz*
- *1 Prise Pfeffer*
- *6 Esslöffel Olivenöl*
- *Weizenmehl*
- *10 Milliliter Rum Havana Club*

Zubereitung:
In einer Pfanne auf kleiner Flamme das Öl 4 Minuten lang erhitzen. Leber mit Salz und Pfeffer würzen, im Weizenmehl wälzen, im Öl 4 Minuten anbraten, dabei 4mal wenden. Nach dem zweiten Wenden Knoblauch, Rum und Zwiebel zugeben. Guten Appetit!

CHULETA DE CERDO EN SALSA DE LIMON

Ingredientes:

4	*chuletas de cerdo*
2	*cebollas cortadas en ruedas*
1	*cucharadita de sal*
1	*diente de ajo picadito*
4	*cucharadas de aceite*
2	*cucharadas de mantequilla*
1	*cucharadita de harina de trigo*
4	*cucharadas de jugo de limón*
4	*cucharadas de agua*

Instrucciones:

Adobe las chuletas con el ajo picadito, sal y zumo de limón. Caliente aceite en una sartén durante 5 minutos a fuego lento. Fría las chuletas dorándolas ligeramente por ambos lados, y después agregue las cebollas poniéndolas debajo de las chuletas. Échele la mantequilla, el agua, la harina y el resto del zumo del limón utilizado para el adobo. Remueva bien. Tape la sartén y cocínelas durante 2 minutos.

SCHWEINESCHNITZEL IN ZITRONENSOSSE

Zutaten:

4	*Schweineschnitzel*
2	*in Ringe geschnittene Zwiebeln*
1	*Teelöffel Salz*
1	*zerkleinerte Knoblauchzehe*
4	*Esslöffel Öl*
2	*Esslöffel Butter*
1	*Teelöffel Weizenmehl*
4	*Esslöffel Zitronensaft*
4	*Esslöffel Wasser*

Zubereitung:

Schnitzel mit Knoblauch, Salz und Zitronensaft würzen. In der Pfanne das Öl auf kleiner Flamme 5 Minuten erhitzen, Schnitzel auf beiden Seiten leicht anbraten, dann Zwiebel unter die Schnitzel legen. Butter und Rest vom Zitronensaft mit Wasser und Mehl zugeben. Gut umrühren. Pfanne abdecken und 2 Minuten schmoren lassen.

CORDERO CON PETIT POIS

Ingredientes:

500 gramos de carne de cordero
1 diente de ajo picadito
200 gramos de petit pois en conserva
½ cucharadita de sal
2 cucharaditas de perejil picadito
¼ cucharadita de pimentón
½ cebolla picadita
2 cucharadas de aceite de oliva
¼ cucharadita de óregano
1 cucharadita de ron Havana Club
1 cucharada de vinagre
100 mililitros de agua
50 gramos de pasta de tomate
1 cucharadita de harina de trigo

Instrucciones:
Caliente la olla con el aceite a fuego lento durante 5 minutos. Eche la carne cortada en trocitos y fríalos hasta dorarse. Agregue el ron y los demás ingredientes menos el petit pois. Sofría removiendo 6 minutos con la cuchara de trigo. Agregue el agua, pasta de tomate, harina de castillla y el petit pois incluyendo el agua de este. Tape la olla y cocínelo 15 minutos a fuego lento.
¡Buen apetito!

LAMM MIT GRÜNEN ERBSEN

Zutaten:

500 Gramm Lammfleisch
1 zerkleinerte Knoblauchzehe
200 Gramm grüne Erbsen
½ Teelöffel Salz
2 Teelöffel zerkleinerte Petersilie
¼ Teelöffel Paprikapulver
½ zerkleinerte Zwiebel
2 Esslöffel Olivenöl
¼ Teelöffel Oregano
1 Teelöffel Rum Havanna Club
1 Esslöffel Essig
50 Gramm Tomatenmark
0,1 Liter Wasser
1 Teelöffel Weizenmehl

Zubereitung:
Öl im Topf 5 Minuten auf kleiner Flamme erhitzen, Das in Stücke geschnittene Fleisch hineingeben und goldbraun anbraten. Rum zugeben sowie alle anderen Zutaten, außer den Erbsen. 6 Minuten lang weiter braten und mit Holzlöffel umrühren. Wasser aufgießen, Tomatenmark und Mehl zugeben, zuletzt die Erbsen, einschließlich des Konservenwassers. Topf schließen und 15 Minuten auf kleiner Flamme kochen.
Guten Appetit!

CHILINDRON DE CHIVO

Ingredientes:

500 gramos de carne de chivo, cortada en trozitos
2 cebollas picaditas
100 gramos de pasta de tomate
½ ají pimiento picadito
1 cucharadita de ají picante
Una pizca de pimienta
200 gramos de papa
1 cucharada de zumo de naranja agria
3 cucharadas de aceite de oliva
0,2 litros de vino tinto
2 dientes de ajo picaditos
2 ramitas de culantro picadito
1 cucharadita de sal
50 mililitros de cerveza
0,3 litros de agua

Instrucciones:
Caliente el aceite en una olla durante 4 minutos. Dore ligeramente la carne junto con las papas removiendo durante 5 minutos. Agregue las cebollas, ají, ajo, pimienta, culantro, sal, pasta de tomate, vino, cerveza y por último el picante. Tape la olla y cocine durante 5 minutos. Remuévalo bien y viértale el agua. Tape la olla nuevamente y cocínelo a fuego lento durante 40 minutos. ¡Buen apetito!

ZIEGENFLEISCHRAGOUT

Zutaten:

500 gramm Ziegenfleisch in Stücken
2 zerkleinerte Zwiebeln
100 Gramm Tomatenmark
½ zerkleinerte Paprika
1 Teelöffel Chilipulver
1 Prise Pfeffer
200 Gramm Kartoffeln
1 Esslöffel Bitterorangensaft
3 Esslöffel Olivenöl
2 zerkleinerte Knoblauchzehen
0,2 Liter Rotwein
1 Teelöffel Salz
2 Stengel Rosmarin
50 Milliliter Bier
0,3 Liter Wasser

Zubereitung:
In einem Topf das Öl 4 Minuten erhitzen. Das Fleisch mit den Kartoffeln leicht anbraten, dabei 5 Minuten lang umrühren. Zwiebel, Knoblauch, Paprika, Pfeffer, Rosmarin, Salz, Tomatenmark, Wein, Bier und zum Schluss das Chili zugeben. Topf schließen und 5 Minuten kochen. Gut umrühren und Wasser aufgießen. Topf wieder schließen und auf kleiner Flamme 40 Minuten köcheln lassen. Guten Appetit!

CERDO ASADO AL HORNO

Ingredientes:

1 pierna de cerdo
6 cucharadas de zumo de limón
2 kilogramos
1 cebolla picadita
6 dientes ajo machacados y picaditos.
6 cucharadas de aceite de oliva
½ cucharadita de pimienta
2 cucharaditas de sal

Instrucciones:
El aderezo para adobar la carne debe prepararse 2 horas antes de ponerla al horno. Mezcle en un recipiente el zumo de limón con el ajo, cebolla, pimienta, aceite y la sal. Pinche la carne por varias partes con la punta del cuchillo y adóbela. Póngala dentro el horno a 180 grados, durante 2 horas. Debe pinchar la carne con el tenedor de cocina varias veces durante la cocción, para que destile sus jugos, los cuales utilizará luego como salsa para acompañarla. ¡Buen apetito!

IM OFEN GEBRATENES SCHWEIN

Zutaten:

1 Schweinekeule, 2 Kilo
6 Esslöffel Zitronensaft
6 zerdrückte und zerkleinerte
1 zerkleinerte Zwiebel
Knoblauchzehen
6 Esslöffel Olivenöl
2 Teelöffel Salz
½ Teelöffel Pfeffer

Zubereitung:
In einem Gefäß Zitronensaft mit Knoblauch, Zwiebel, Pfeffer, Öl und Salz gut vermischen. Fleisch mit einer Messerspitze mehrmals anstechen und mit der vorbereiteten Gewürzsoße 2 Stunden vor der Zubereitung begießen. Fleisch in einen Bräter legen und bei 180 Grad 2 Stunden im Ofen lassen. Dabei das Fleisch mehrmals mit einer Gabel an stechen, damit der Fleischsaft austritt, und als Soße verwendet werden kann.
Guten Appetit!

CHORIZOS CON PAPA

Ingredientes:

400 gramos de papas en trocitos

1 hoja de laurel

4 chorizos

½ cucharadita de sal

½ litro de agua

1 ramita de culantro picadita

1 cebolla picadita

1 diente de ajo picadito

Instrucciones:

Caliente una olla vacía a fuego lento durante 4 minutos. Eche los chorizos cortados en rueditas de un centímetro y remuévalos constantemente hasta dorarlos. Cuando hayan soltado su aceite, agregue las papas y los demás ingredientes menos el agua. Remueva durante 2 minutos. Añada el agua, tape la olla y cocine los chorizos durante 20 minutos a medio fuego. ¡Buen apetito!

PAPRIKAWURST MIT KARTOFFELN

Zutaten:

400 Gramm Kartoffelstücke

1 Lorbeerblatt

4 Paprikawürste

½ Teelöffel Salz

½ Liter Wasser

1 Stengel Rosmarin

1 zerkleinerte Zwiebel

1 zerkleinerte Knoblauchzehe

Zubereitung im Tiegel:

Leere Pfanne auf kleiner Flamme 4 Minuten lang erhitzen. In 1 Zentimeter dicke Scheiben geschnittene Würste hineingeben, anbraten und ständig umrühren. Wenn die Wurst ihr Fett abgibt, Kartoffeln und die anderen Zutaten, außer Wasser, zugeben. 2 Minuten umrühren. Dann Wasser aufgießen, Topf schließen und 20 Minuten auf mittlerer Hitze kochen. Guten Appetit!

SALCHICHAS CON PAPA

Ingredientes:

250 gramos de papas picaditas en trocitos
50 gramos de pasta de tomate
2 cucharadas de aceite de oliva
300 gramos de salchichas cortadas en rueditas
100 gramos de petit pois
1 cucharadita de vino seco
½ cucharadita de sal
1 diente de ajo
¼ de ají pimiento
Una pizca de pimentón
1 cebolla picadita
½ hoja de laurel
1 ramita de perejil picadita

Instrucciones:
Ponga el aceite a calentar en la olla durante 4 minutos. Dore las papas junto con las salchichas. Añádale todos los ingredientes menos el petit pois y la pasta de tomate. Remuévalo durante 4 minutos. Agréguele la pasta de tomate, medio litro de agua y el petit pois con su líquido. Tape la olla y cocínelas durante 20 minutos a fuego lento. ¡Buen apetito!

WÜRSTCHEN MIT KARTOFFELN

Zutaten:

250 Gramm Kartoffeln, in Stücke geschnitten
½ Teelöffel Salz
50 Gramm Tomatenmark
300 Gramm Würstchen, in Scheiben
2 Esslöffel Olivenöl
100 Gramm grüne Erbsen
1 Knoblauchzehe
1 Teelöffel trockener Wein
1 Prise Paprikapulver
¼ Paprika
½ Lorbeerblatt
1 zerkleinerte Zwiebel
1 Stengel zerkleinerte Petersilie
0,5 Liter Wasser

Zubereitung im Tiegel:
Öl im Tiegel 4 Minuten lang erhitzen. Kartoffeln zusammen mit den Würstchen anrösten. Alle Zutaten außer Erbsen und Tomatenmark hinzugeben. 4 Minuten umrühren. Dann Tomatenmark, Wasser und Erbsen einschließlich Konservenflüssigkeit zugeben. Topf schließen und auf kleiner Flamme 20 Minuten kochen. Guten Appetit!

LECHÓN A LA PLANCHA EN SARTÉN

Ingredientes:

800 gramos de filete de cerdo

2 dientes de ajo picaditos

½ cucharadita de pimienta

1 ají picado en trozos semimolida

1 cebolla cortada en trozos

½ cucharada de sal

4 cucharadas de aceite

2 cucharadas de zumo de limón

10 centilitro de ron Havana Club

Instrucciones:
El aderezo debe prepararse 2 horas antes de cocinar la carne. Mezcle en un recipiente aceite, limón, pimienta, ajo y sal. Corte el filete en medallones y aplástelos con la mano por la parte donde fueron cortados. Ponga a calentar la sartén vacía durante 5 minutos a fuego lento. Utilizando un pincel, úntele el aderezo a la carne, al ají y a la cebolla por ambas partes. Fríalos en la sartén hasta dorarlos, volteándolos varias veces durante 10 minutos, y untándoles el aderezo de vez en cuando. Antes de sacarlos rocíelos con el ron. ¡Buen provecho!

IN DER PFANNE GEGRILLTES SCHWEINEFILET

Zutaten:

800 Gramm Schweinefilet

2 zerkleinerte Knoblauchzehen

¼ Teelöffel Pfeffer

1 Gemüsepaprika, gewürfelt

1 kleingeschnittene Zwiebel

½ Esslöffel Salz

4 Esslöffel Öl

2 Esslöffel Zitronensaft

10 Milliliter Rum Havana Club

Zubereitung in der Grillpfanne:
In einem Gefäß Öl, Zitrone, Pfeffer, Knoblauch und Salz 2 Stunden vor der Zubereitung des Fleisches vermischen. Das Filet in Medaillons schneiden und mit der Hand platt drücken. Leere Pfanne auf kleiner Flamme 5 Minuten erhitzen. Vorbereitetes Gewürzöl mit einem Pinsel beidseitig auf das Fleisch, die Paprika und die Zwiebel auftragen. In der Pfanne anbraten, dabei10 Minuten lang mehrmals wenden und öfter mit dem Gewürzöl bestreichen. Zum Schluss mit dem Rum beträufeln. Guten Appetit!

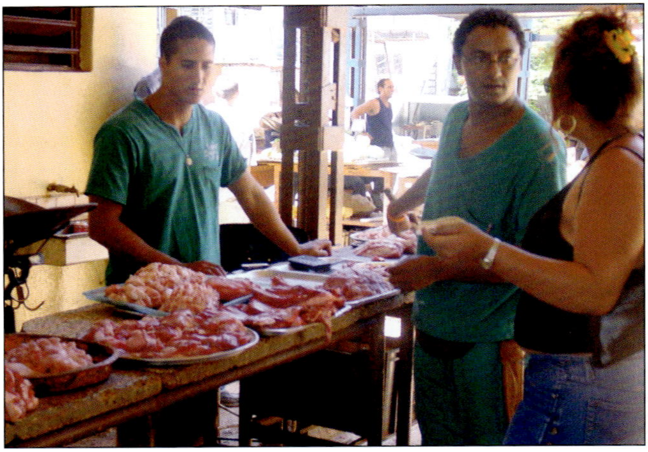

MASAS DE CERDO FRITAS

Ingredientes:

500	*gramos de carne de cerdo cortada en trozos*
2	*cucharadas de jugo de limón*
4	*dientes de ajo*
1,5	*litro de agua*
½	*cucharadita de sal*
½	*litro de aceite*
1	*hoja de laurel*

Instrucciones:
Ponga a hervir la carne en el 1,5 litro de agua con el laurel, pimienta y la sal. Cocínela con la olla tapada durante 30 minutos. Escúrrala luego en una coladera. Caliente aceite en una sartén durante 10 minutos, y fría entonces las masas de cerdo a hasta dorarlas. Machaque los ajos y agréguele 4 cucharadas del aceite caliente. Saque las masas y póngalas sobre un papel absorbente para recoger la grasa que destilan. Sírvalas bañándolas a gusto con limón, el aceite preparado y sal. Se puede acompañar con salsa picante.

GEBRATENE SCHWEINEWÜRFEL

Zutaten:

500	*Gramm Schweinefleisch, grob gewürfelt*
2	*Esslöffel Zitronensaft*
4	*Knoblauchzehen*
½	*Liter Öl*
½	*Teelöffel Salz*
1	*Lorbeerblatt*
1,5	*Liter Wasser*

Zubereitung:
Fleisch in 1,5 Liter Wasser mit Lorbeerblatt, Pfeffer und Salz zum Kochen bringen. Topf zudecken und 30 Minuten kochen lassen. In einer Pfanne das Öl 10 Minuten lang erhitzen. Fleischstücke zugeben und goldbraun braten. Knoblauch zerdrücken und 4 Esslöffel heißes Bratöl zugeben. Fleischstücke aus dem Topf nehmen und auf Küchenkrepp das Fett abtropfen lassen. Auf einem Teller anrichten, mit Zitrone und dem vorbereiteten Knoblauchöl beträufeln. Salzen nach Geschmack. Dazu passt scharfe Soße.

BISTEC DE PALOMILLA

Ingredientes:

600 gramos de carne de ternera

2 cucharadas de zumo de limón

2 cebollas cortadas en ruedas

6 cucharadas de aceite

4 dientes de ajo picaditos y machacados

¼ cucharadita de pimienta semimolida

Instrucciones:

La carne debe adobarse una hora antes de freírse. Corte la carne en 4 lascas y machákuelos bien finos (5 milímetros) con la maceta de cocina. Aplaste en un mortero el ajo con una pizca de sal. Agregue 2 cucharadas de aceite y el limón. Remueva bien y adobe la carne con este aderezo. Caliente el aceite en una sartén durante 3 minutos. Eche los bistecs y dórelos por ambos lados. Póngale por encima las cebollas, tape la sartén y cocínelos durante 5 minutos a fuego lento. Luego destape la sartén y voltee los bistecs de manera tal que las cebollas queden debajo. Sírvalo dos minutos después.

¡Buen apetito!

KALBSSCHNITZEL

Zutaten:

600 Gramm Kalbfleisch

¼ Teelöffel grober Pfeffer

2 in Ringe geschnittene Zwiebeln

4 zerkleinerte Knoblauchzehen

1 Prise Salz

4 Esslöffel Öl

Zubereitung:

Fleisch in 4 Beefsteaks schneiden und mit dem Holzklopfer bis zur Dicke von 5 Millimetern flachklopfen. Im Mörser Knoblauch und das Salz zerstoßen. 2 Esslöffel Öl und Zitrone zugeben. Gut umrühren und eine Stunde vor der Zubereitung über das Fleisch verteilen. Das Öl in einer Pfanne 3 Minuten lang erhitzen. Schnitzel beidseitig anbraten. Zwiebeln oben auf die Schnitzel legen, Pfanne abdecken und 5 Minuten auf kleiner Flamme schmoren lassen. Dann Beefsteaks so wenden, dass die Zwiebeln darunter liegen. Nach 2 Minuten Schmoren anrichten.

Guten Appetit!

COSTILLAS A LA BARBACOA

Ingredientes:

2	*kilogramos de costillas de cerdo*
50	*gramos de azúcar parda*
3	*litros de agua*
2	*hojas de laurel*
1	*cebolla entera*
1	*cucharada de sal*
0,2	*litro de vino tinto*
200	*gramos de pasta de tomate*
¼	*cucharadita de pimienta*
½	*cucharada de ají picante*

Instrucciones:

Ponga a hervir las costillas en los 3 litros de agua con el laurel, sal y la cebolla, y cocínelas durante 30 minutos. Eche en la coctelera la pasta de tomate, azúcar, pimienta, vino y picante, y bata la mezcla hasta que diluir el azúcar. Escurra las costillas durante 10 minutos. Úntele con un pincel la salsa barbacoa por ambas partes. Colóquelas en el horno a 150 grados durante 20 minutos. Durante este tiempo debe de untarle 2 veces más la salsa.

GEGRILLTE SCHWEINERIPPCHEN

Zutaten:

2	*Kilo Schweinerippchen*
50	*Gramm brauner Zucker*
3	*Liter Wasser*
2	*Lorbeerblätter*
1	*ganze Zwiebel*
1	*Esslöffel Salz*
0,2	*Liter Rotwein*
200	*Gramm Tomatenmark*
¼	*Teelöffel Pfeffer*
½	*Esslöffel Chilipulver*

Zubereitung:

Rippchen in 3 Liter Wasser mit Lorbeer, Salz und Zwiebel 30 Minuten kochen. In einem Mixer Tomatenmark, Zucker, Pfeffer, Wein und Chili vermischen, bis sich der Zucker aufgelöst hat. Rippchen aus dem Wasser nehmen und 10 Minuten abkühlen lassen. Die vorbereitete Grillsoße mit einem Pinsel beidseitig auftragen. Bei 150 Grad 20 Minuten lang im Ofen grillen. Dabei noch zweimal mit der Soße bestreichen.

ASADO DE CORDERO

Ingredientes:

1 pierna de cordero de 2 kilogramos
8 dientes de ajo
2 cebollas picaditas
2 ramitas de romerillo
4 ramitas de culantro
10 granos de pimienta
1 cucharadita de sal en grano
8 cucharadas de aceite de oliva
2 cucharadas de vinagre
20 mililitros de ron Havana Club

Instrucciones:
Machaque en un mortero las ramitas de romerillo, pimienta, ajo, culantro y la sal en grano. Agréguele el aceite y la cebolla. Remuévalo bien. Pinche la carne con el cuchillo por varias partes sin traspasarla. Adóbela con el aderezo preparado. Mezcle el vinagre con el ron y derrámelo sobre la carne. Póngala en una sartén dentro del horno a 180 grados, durante 2 horas. Se puede acompañar con la salsa de vino tinto. ¡Buen apetito!

LAMMBRATEN

Zutaten:

1 Lammkeule, 2 Kilo
8 Koblauchzehen
2 Stengel Rosmarin
2 zerkleinerte Zwiebeln
10 Pfefferkörner
4 Stengel Koriander
8 Esslöffel Olivenöl
1 Teelöffel grobes Meersalz
20 Milliliter Rum Havana Club
2 Esslöffel Essig

Zubereitung:
In einem Mörser Rosmarin, Pfeffer, Knoblauch, Koriander und Meersalz zerstoßen, Öl und Zwiebel zugeben und gut verrühren. Das Fleisch an mehreren Stellen mit einem Messer anstechen, mit der Würzmischung füllen. Essig mit Rum vermischen und auf das Fleisch gießen. In einem Bräter bei 180 Grad 2 Stunden lang im Ofen braten. Passt gut zur Rotweinsoße.
Guten Appetit!

CONEJO FRITO

Ingredientes:
500 gramos de carne de conejo
¼ cucharadita de sal
1 cebolla picadita
¼ cucharadita de pimienta molida
½ ají pimiento picadito
4 dientes de ajo
8 cucharadas de aceite
2 ramitas de culantro picadito
¼ cucharadita de comino
2 cucharadas de salsa china (soya)
10 centilitro de ron Havana Club
2 cucharadas de maní machacado

Instrucciones:
Corte la carne en trozos pequeños. Ponga a calentar a fuego lento el aceite en una sartén. Fría la carne volteándola durante 10 minutos. Agréguele los demás ingredientes. Remueva bien. Tape la sartén y cocine el conjunto durante 10 minutos con el mínimo fuego. Sírvalo bañado en su sofrito. También puede servirse acompañado con salsa de maní. ¡Buen apetito!

KANINCHENBRATEN

Zutaten:
500 Gramm Kaninchenfleisch
¼ Teelöffel Salz
1 zerkleinerte Zwiebel
¼ Teelöffel Pfeffer
½ zerkleinerte Paprika
8 Esslöffel Öl
4 Knoblauchzehen
¼ Teelöffel Kümmel
2 Stengel Koriander
10 Milliliter Rum Havana Club
2 Esslöffel Sojasoße
2 Esslöffel zerstoßene Erdnüsse

Zubereitung:
Fleisch in kleine Stücke schneiden. Öl in der Pfanne auf kleinem Feuer erhitzen. Fleisch anbraten und 10 Minuten drehen. Zutaten zugeben und umrühren. Pfanne abdecken und auf kleinster Flamme 10 Minuten kochen. Anrichten und mit dem Bratöl übergießen. Kann mit Senf-Dill-Soße vervollständigt werden. Guten Appetit!

CONEJO EN SALSA DE TOMATE

Ingredientes:

500 gramos de carne de conejo
50 gramos de pasta de tomate
1 cebolla picadita
¼ cucharadita de pimienta molida
½ ají pimiento picadito
2 dientes de ajo
4 cucharadas de aceite
2 ramitas de culantro picadito
Una pizca de nuez moscada
2 cucharadas de salsa china (soya)
¼ cucharadita de sal
100 mililitros de vino tinto seco
0,2 litro de agua

Instrucciones:
Corte la carne en trozos pequeños. Ponga a calentar el aceite en una olla y sofría la carne por varias partes hasta dorarla. Échele la pimienta, ají, cebolla, nuez moscada, culantro, sal y el ajo. Remueva bien. Añada la salsa china y sofría durante 2 minutos más. Agregue la pasta de tomate, agua y el vino. Tape la olla y cocine a fuego lento durante 20 minutos. ¡Buen provecho!

KANINCHEN IN TOMATENSOSSE

Zutaten:

500 Gramm Kaninchenfleisch
50 Gramm Tomatenmark
1 zerkleinerte Zwiebel
¼ Teelöffel Pfeffer
½ zerkleinerte Paprika
4 Esslöffel Öl
2 Stengel Koriander
1 Prise Muskatnuss
2 Esslöffel Sojasoße
¼ Teelöffel Salz
100 Milliliter trockener Weißwein
0,2 Liter Wasser

Zubereitung im Tiegel:
Fleisch in kleine Stücke schneiden. In einem Topf das Öl erhitzen, Fleisch von allen Seiten anbraten. Pfeffer, Paprika, Zwiebel, Muskatnuss, Koriander, Salz und Knoblauch zugeben und gut umrühren. Sojasoße zugeben und 2 Minuten weiterbraten. Tomatenmark und Wein hinzugeben und mit Wasser auffüllen. Topf schließen und auf kleiner Flamme 20 Minuten köcheln lassen.
Guten Appetit

BISTEC DE CERDO EN SALSA DE CERVEZA

Ingredientes:

600 gramos de filete de cerd
Una pizca de nuez moscada
1 cebolla cortada en ruedas
1 cucharadita de zumo de limón
2 dientes de ajo machacados
½ cucharadita de sal
¼ cucharadita de pimentón en polvo
100 gramos de pasta de tomate
2 cucharadas de aceite de oliva
1 cerveza cubana
Una pizca de pimienta

Instrucciones:
Corte el filete en 4 bistecs y macháquelos bien finos (1 centímetro) con la maceta de cocina. Caliente el aceite en una olla durante 4 minutos, a fuego lento. Agregue todas las especias menos el pimentón y la pasta de tomate. Sofría 4 minutos, eche la carne, la pasta de tomate, el pimentón y la cerveza. Remueva un poco. Tape la olla y cocine 20 minutos a fuego lento. ¡Buen apetito!

SCHWEINESTEAK IN BIERSOßE

Zutaten:

600 Gramm Schweinefilet
1 Prise Muskatnuss
1 in Ringe geschnittene Zwiebel
1 Teelöffel Zitronensaft
2 zerdrückte Knoblauchzehen
½ Teelöffel Salz
¼ Teelöffel Paprikapulver
100 Gramm Tomatenmark
1 kubanisches Bier GUAMA
2 Esslöffel Olivenöl
1 Prise Pfeffer

Zubereitung im Tiegel:
Das Filet in 4 Steaks schneiden und mit Holzklopfer auf 1 Zentimeter Dicke flachklopfen. In einem Topf das Öl 4 Minuten lang auf kleiner Flamme erhitzen, alle Zutaten, außer Paprikapulver und Tomatenmark, hineingeben und anbraten. Steaks sowie Tomatenmark, Paprikapulver und Bier dazugeben und leicht umrühren. Topf schließen und auf kleiner Flamme 20 Minuten köcheln lassen. Guten Appetit!

CERDO ASADO EN PUA

Ingredientes:

1 cerdo de 25 kilogramos

1 cucharada de pimienta negra molida

4 hojas de laurel partidas bien pequeñitas

Zumo de 10 limones

100 mililitros de aceite

1 cucharadita de nuez moscada

1 cabeza de ajo grande

1 cucharada de sal

Instrucciones:

Debe preparar el aderezo del cerdo 2 horas antes. Pele el ajo y macháquelo junto con la sal, nuez moscada, laurel y la pimienta. Agregue el aceite, zumo de limón y remuévalo bien.

Atraviese el cerdo con una vara -introduciéndola por la parte trasera y sacándola por el hocico del animal- y póngalo a escurrir una hora antes de aliñarlo. La vara debe medir como mínimo 4 metros de largo y 6 centímetros de grosor.

Excave un hoyo de 1.20 metros de largo por 60 centímetros de ancho y 40 de profundidad. Eche 60 kilogramos de carbón y préndale fuego. A 30 centímetros de los extremos del hoyo coloque una horqueta o base que sobresalga 40 centímetros de la tierra, para sostener la vara cuando se esté asando el cerdo en cada extremo del hoyo.

Sin traspasarlo, pinche el interior del cerdo en varios puntos, y úntele el aliño. Cósale la barriga y amárrele las patas con un alambre, sujetándolas con un clavo atravesado. Cuando el carbón esté al rojo vivo, coloque la vara sobre las horquetas o bases, de forma tal que el cerdo quede sobre el centro del hoyo. Déle vueltas suavemente en un solo sentido, durante 4 horas sin parar. Cuando vaya por la segunda hora del asado, pinche el cerdo en varios puntos con el tenedor de cocina, para que suelte la grasa. Cuide de que no se le acabe el carbón. Si ve que el cerdo amenaza con quemarse por exceso de fuego, apártele con una pala las brasas de la parte por donde se está quemando. Pasadas las 4 horas bájelo del fuego. Póngalo encima de una bandeja y sáquele la vara. Córtelo en postas y sírvalo echándole una salsa mojito y su punto de sal.

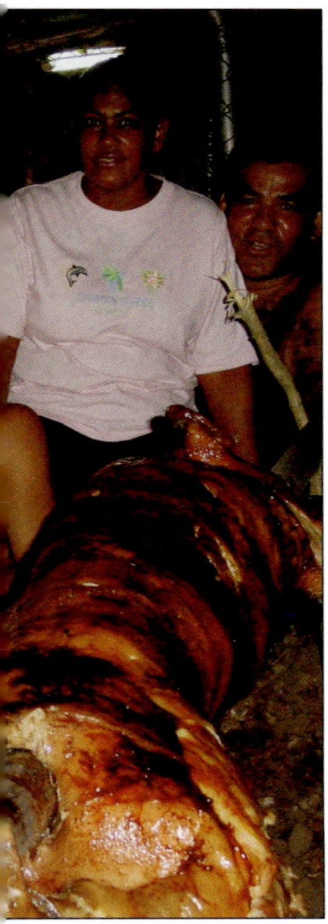

GRILLTES SPANFERKEL

Zutaten:

1 Schwein, 25 Kilo
1 Esslöffel schwarzer gemahlener Pfeffer
4 zerkleinerte Lorbeerblätter
Saft aus 10 Zitronen
100 Milliliter Öl
1 Teelöffel Muskatnuss
1 große Knoblauchknolle
1 Esslöffel Salz

Zubereitung:
Aus den folgenden Zutaten 2 Stunden vor der Zubereitung des Schweins eine Würzmischung herstellen. Knoblauch schälen und mit Salz, Muskatnuss, Lorbeer und Pfeffer zerdrücken. Öl und Zitronensaft zugeben und gut umrühren. Eine Stunde vor dem Marinieren einen Spieß durch den After des Schweins bis zur Schnauze führen. Der Spieß sollte nicht weniger als 4 Meter lang und 5 Zentimeter dick sein. Ein Erdloch öffnen: 1,20 Meter lang, 60 Zentimeter breit und 40 Zentimeter tief. 60 Kilo Holzkohle in dem Loch verteilen und anzünden. Um den Schweinespieß während des Grillens festzuhalten, 30 Zentimeter vor den beiden Enden des Erdloches jeweils einen gegabelten Holzstab befestigen, der 40 Zentimeter über dem Erdloch gegabelt ist. Mit einem Messer den inneren Teil des Schweins mehrmals anstechen, ohne es zu durchstoßen. Mit der Gewürzsoße bestreichen und en Bauch zunähen. Die Beine mit einem Draht zusammenbinden, zusätzlich mit einem Nagel fixieren. Wenn die Kohle glüht, den Spieß so auf die Holzgabeln legen, dass sich das Schwein über dem Zentrum des Erdloches befindet. Vier Stunden lang beständig in einer Richtung drehen.
Nach 2 Stunden grillen mit einer Gabel an verschiedenen Stellen einstechen, damit das Fett frei wird. Darauf achten, dass weder die Kohle verlischt, noch dass sie zu stark glüht und das Fleisch verbrennt. Sollte die Glut an einer Stelle zu stark sein, dann dort mit einem Stock auseinander schieben. Nach 4 Stunden Spanferkel von der Glut nehmen, auf ein Tablett legen und Spieß entfernen. In Stücke zerteilen, Mojito-Soße und Salz nach Geschmack darübergeben.

POLLO EN SALSA DE CERVEZA

Ingredientes:

1 kilogramo de pollo
100 gramos de pasta de tomate
2 dientes de ajo picaditos
1 cerveza
½ ají pimiento picadito
1 cucharada de vinagre
1 cebolla picadita
½ cucharada de sal
1 cucharada de tocino
2 cucharadas de aceite de oliva
2 cucharadas de mantequilla
½ cucharadita de caldo concentrado

Instrucciones:
Ponga a calentar el aceite en una olla durante 4 minutos. Sofría el pollo y el tocino hasta dorarlo. Agregue los demás ingredientes menos la cerveza y cocine durante 5 minutos. Añada la cerveza. Tape la olla y cocine durante 20 minutos a fuego lento. ¡Buen apetito!

HUHN IN BIERSOßE

Zutaten:

1 Kilo Huhn
100 Gramm Tomatenmark
2 zerkleinerte Knoblauchzehen
1 Flasche Bier
½ zerkleinerte Paprika
1 Esslöffel Essig
1 zerkleinerte Zwiebel
½ Esslöffel Salz
1 Esslöffel Speck
2 Esslöffel Olivenöl
2 Esslöffel Butter
½ Teelöffel Brühe MAGGI

Zubereitung:
In einem Topf das Öl 4 Minuten erhitzen. Huhn und Speck anbraten. Alle Zutaten außer dem Bier hinzugeben. 5 Minuten schmoren, dann das Bier aufgießen. Topf schließen und 20 Minuten auf kleiner Flamme kochen. Guten Appetit!

POLLO EMPANIZADO

Ingredientes:

500 gramos de pollo cortado en trocitos
½ cucharadita de sal
Una pizca de pimienta
½ cucharadita de zumo de limón
½ cucharada de caldo concentrado
Una pizca de nuez moscada
50 gramos de harina de trigo
50 mililitros de leche
2 dientes de ajo
4 cucharadas de aceite de oliva

Instrucciones:
Ponga a calentar el aceite en una sartén durante 4 minutos a fuego lento. Sofría los pedacitos de pollo hasta dorarlos. Agregue el ajo, limón, sal, pimienta y la nuez moscada. Remueva bien. Sáquelos de la sartén y póngalos sobre una servilleta de papel a escurrir. Ponga a calentar en una olla medio litro de aceite durante 10 minutos a fuego lento. Forme aparte una mezcla con la harina, leche y una pizca de sal.
Pase los pedacitos de pollo por esta mezcla. Escúrralos bien y échelos a freír. Cuando estén doraditos sáquelos. Se puede acompañar con la salsa de tamarindo. ¡Buen apetito!

PANIERTES HUHN

Zutaten:

500 Gramm in Stücke geschnittenes Huhn
½ Teelöffel Salz
½ Teelöffel Zitronensaft
1 Prise Pfeffer
50 Gramm Weizenmehl
1 Teelöffel Brühe MAGGI
2 Knoblauchzehen
1 Prise Muskatnuss
50 Milliliter Milch
4 Esslöffel Olivenöl

Zubereitung:
In einer Pfanne das Öl 4 Minuten auf kleiner Flamme erhitzen, Hühnerfleisch anbraten, Knoblauch, Zitrone, Salz, Pfeffer, und Muskatnuss zugeben. Gut umrühren. Fleisch aus der Pfanne nehmen und auf Küchenkrepp abtropfen lassen. In einem Topf ½ Liter Öl 10 Minuten auf kleiner Flamme erhitzen. Währenddessen eine Mischung aus Mehl, Milch und einer Prise Salz herstellen. Fleischstücke durch diesen Teig ziehen, abtropfen lassen und in dem Öl goldbraun braten. Dann aus dem Öl nehmen. Kann mit einer Tamarindensoße serviert werden. Guten Appetit!

POLLO ASADO

Ingredientes:

- *Un pollo de 1 kilogramo*
- *Una pizca de pimienta*
- *½ cucharadita de sal*
- *Una pizca de nuez moscada*
- *1 cucharadita de zumo de limón*
- *2 dientes de ajo picaditos*
- *2 cucharadas de miel de abeja*
- *1 cucharadita de vino tinto*
- *2 cucharadas de mantequilla*

Instrucciones:

Prepare en un recipiente una mezcla con el ajo, pimienta, zumo de limón, nuez moscada, vino, sal y mantequilla. Adobe el pollo por dentro y por fuera con la mezcla que ha preparado. Ponga el pollo en una sartén dentro del horno a 150 grados durante 20 minutos. Sáquelo y úntele con un pincel la miel mezclada con una pizca de pimienta. Regréselo al horno y déle 20 minutos más. Se puede acompañar con la salsa de mango.

GEBRATENES HUHN

Zutaten:

- *1 Kilo Huhn*
- *1 Prise Pfeffer*
- *½ Teelöffel Salz*
- *1 Prise Muskatnuss*
- *1 Teelöffel Zitronensaft*
- *2 zerkleinerte Knoblauchzehen*
- *1 Teelöffel Rotwein*
- *2 Esslöffel Bienenhonig*
- *2 Esslöffel Butter*

Zubereitung:

In einem Gefäß eine Mischung aus Knoblauch, Pfeffer, Zitronensaft, Muskatnuss, Wein, Salz und Butter herstellen. Huhn von innen und außen mit der Gewürzmischung einreiben. Huhn in einem Bräter 20 Minuten bei 150 Grad in den Backherd geben. Dann Huhn herausnehmen und mit einem Pinsel mit dem Honig, vermischt mit einer Prise Pfeffer, bestreichen. Noch einmal für 20 Minuten in den Backherd stellen. Kann mit einer Mangosoße serviert werden.

FRICASÉ DE FAISÁN

Ingredientes:

500 gramos de carne de faisán cortado en pedazos
¼ cucharadita de pimienta
1 hoja de laurel
300 gramos de papas cortadas en trozos
½ cucharadita de sal
50 gramos de pasta de tomate
50 mililitros de vino tinto
2 cucharaditas de aceite de oliva
½ ají pimiento picadito
2 dientes de ajo picaditos
1 cebolla picadita

Instrucciones:

Ponga a calentar el aceite en una olla durante 4 minutos. Agregue el faisán, ají, cebolla, papas, laurel, pimienta, ajo y la sal. Sofría durante 5 minutos. Echele la pasta de tomate, vino y 0,2 litro de agua. Remueva. Tape la olla y cocínelo a fuego lento durante 30 minutos.

FASANENFRIKASSE

Zutaten:

500 Gramm in Stücke geschnittener Fasan
¼ Teelöffel Pfeffer
300 Gramm in Stücke geschnittene Kartoffeln
1 Lorbeerblatt
50 Milliliter Rotwein
½ Teelöffel Salz
½ zerkleinerte Paprika
50 Gramm Tomatenmark
2 zerkleinerte Knoblauchzehen
2 Teelöffel Olivenöl
1 zerkleinerte Zwiebel

Zubereitung:

In einem Topf das Öl 4 Minuten lang erhitzen. Fasanenfleisch, Paprika, Zwiebel, Kartoffeln, Lorbeer, Pfeffer, Knoblauch und Salz hineingeben. 5 Minuten anbraten. Tomatenmark, Wein und 0,2 Liter Wasser zugeben, umrühren. Topf schließen und 30 Minuten auf kleiner Flamme garen.

FAISÁN ASADO

Ingredientes:

Un faisán de 800 gramos
2 *dientes de ajo machacados*
2 *cucharadas de aceite*
2 *cucharadas de miel*
1 *cucharada de pimienta*
½ *cucharadita de sal*
2 *cucharadas de pulpa de tamarindo*

Instrucciones:
Prepare un aderezo mezclando el aceite, pimienta, sal, ajo, miel y pulpa de tamarindo. Únteselo al faisán con un pincel. Póngalo en el horno a 150 grados durante 40 minutos. A los 10 minutos antes de estar listo, úntele la miel con un pincel para que se dore bien. Puede acompañarlo con la salsa de tamarindo. ¡Buen provecho!

GEBRATENER FASAN

Zutaten:

1 *Fasan, 800 Gramm*
2 *zerdrückte Knoblauchzehen*
2 *Esslöffel Öl*
2 *Esslöffel Honig*
1 *Esslöffel Pfeffer*
½ *Teelöffel Salz*
2 *Esslöffel Fruchtfleisch der Tamarinde*

Zubereitung:
Eine Mischung zubereiten aus Öl, Pfeffer, Salz, Knoblauch, Honig und Tamarindenfrucht. Damit den Fasan einpinseln. Im Backherd bei 150 Grad 40 Minuten lang braten. Nach 30 Minuten rundum mit Honig einpinseln, damit der Braten schön goldbraun wird. Kann mit Tamarindensoße serviert werden.
Guten Appetit!

POLLO A LA BARBACOA

Ingredientes:

500	*gramos de pollo cortado en 4 pedazos*
2	*cucharadas de mantequilla*
2	*ramitas de culantro picadito*
50	*gramos de pasta de tomate*
	Una pizca de nuez moscada
100	*mililitros de vino tinto*
	Una pizca de comino
4	*cucharadas de salsa china (soya)*
½	*cebolla picadita*
2	*dientes de ajo picaditos*
2	*cucharadas de aceite de oliva*
½	*ají pimiento picadito*
	Una pizca de sal

Instrucciones:

Caliente el aceite en una olla durante 4 minutos. Sofría el pollo con ají, cebolla, ajo, pimienta, sal y comino durante 5 minutos. Agregue la salsa china, vino, nuez moscada y pasta de tomate. Remueva bien. Tape la olla y cocínelo 25 minutos a fuego lento. ¡Buen provecho!

HUHN MIT GRILLSOßE

Zutaten:

500	Gramm Huhn, in 4 Stücke geschnitten
2	Esslöffel Butter
50	Gramm Tomatenmark
2	Stengel Korlander
10	Milliliter Rotwein
1	Prise Muskatnuss
4	Esslöffel Sojasoße
1	Prise Kümmel
2	zerkleinerte Knoblauchzehen
½	zerkleinerte Zwiebel
½	zerkleinerte Paprika
2	Esslöffel Olivenöl
1	Prise Salz

Zubereitung

Im Topf Öl 4 Minuten erhitzen, Huhn mit Paprika, Zwiebel, Knoblauch, Pfeffer, Salz und Kümmel 5 Minuten anbraten. Sojasoße, Wein, Muskatnuss und Tomatenmark zugeben, gut umrühren. Topf schließen und auf kleiner Flamme 25 Minuten schmoren. Guten Appetit!

GALLINA DE GUINEA EN SALSA

Ingredientes:

- *1 guinea de 1 kilogramo cortada en pedazos*
- *1 aji pimiento rojo picadito*
- *½ cucharadita de azafrán*
- *2 dientes de ajo picaditos*
- *2 cucharadas de vinagre*
- *1 cebolla cortada en pedazos*
- *¼ cucharadita de pimienta*
- *¼ cucharadita de óregano*
- *1 ramita de perejil*
- *4 ramitas de culantro*
- *½ cucharada de sal*
- *4 cucharadas de aceite de oliva*
- *4 tomates picaditos*
- *4 cucharadas de caldo concentrado*

Instrucciones:

Ponga a hervir la gallina de Guinea en 3 litros de agua con la sal y el caldo concentrado, durante 30 minutos. Ponga a calentar aceite en una sartén durante 4 minutos y mientras prepare un sofrito con todos los ingredientes. Écheselo a la gallina y cocínela durante 20 minutos a fuego lento.

¡Buen provecho!

GUINEA-HUHN IN SOßE

Zutaten:

- *1 Kilo Guinea-Huhn, in Stücke geschnitten*
- *1 rote zerkleinerte Paprika*
- *½ Teelöffel Safran*
- *1 in Stücke geschnittene Zwiebel*
- *2 Esslöffel Essig*
- *¼ Teelöffel Oregano*
- *¼ Teelöffel Pfeffer*
- *1 Stengel Petersilie*
- *4 Esslöffel Brühe MAGGI*
- *4 Stengel Koreander*
- *½ Esslöffel Salz*
- *4 Esslöffel Olivenöl*
- *4 zerkleinerte Tomaten*
- *2 zerkleinerte Knoblauchzehen*

Zubereitung:

Huhn in 3 Liter Wasser mit Salz und Brühe 30 Minuten kochen lassen. In einer Pfanne Öl 4 Minuten erhitzen. Mit allen Zutaten eine Bratensoße herstellen, zu dem Huhn geben und 20 Minuten auf kleiner Flamme kochen.

Guten Appetit!

CODORNIZ EN SALSA DE VINO

Ingredientes:

4 codornices
½ ají pimiento rojo picadito
5 granos de pimienta
Una pizca de nuez mozcada
4 cucharadas de salsa china (soya)
4 cucharadas de aceite de oliva
2 dientes de ajo molido
1 ramita de perejil picadito
¼ cucharadita de comino
100 gramos de pasta de tomate
0,2 litro de vino tinto
½ cebolla picadita
8 aceitunas sin hueso
1 cucharada de mantequilla
¼ cucharadita de sal

Instrucciones:

Ponga a calentar el aceite en la olla. Eche las codornices con el ají, cebolla, ajo, comino, pimienta, mantequilla y salsa china y remueva durante 2 minutos. Agregue la pasta de tomate, perejil, aceitunas, nuez moscada, sal y el vino. Tape la olla y cocine durante 30 minutos a fuego lento, volteando las codornices de vez en cuando.

WACHTEL IN WEINSOßE

Zuaten:

4 Wachteln
½ rote zerkleinerte Paprika
5 Pfefferkörner
1 Prise Muskatnuss
4 Esslöffel Sojasoße
4 Esslöffel Olivenöl
1 Stengel gehackte Petersilie
2 zerdrückte Knoblauchzehen
100 Gramm Tomatenmark
¼ Teelöffel Kümmel
½ zerkleinerte Zwiebel
0,2 Liter Rotwein
1 Esslöffel Butter
8 Oliven ohne Stein
¼ Teelöffel Salz

Zubereitung:

In einem Topf das Öl erhitzen, die Wachteln, Paprika, Zwiebel, Knoblauch, Kümmel, Pfeffer, Butter und Sojasoße hineingeben. 2 Minuten umrühren, dann Tomatenmark, Petersilie, Oliven, Muskatnuss, Salz und Wein zugeben. Topf schließen und auf kleiner Flamme 30 Minuten kochen, dabei einige male Wachteln wenden.

PAVO RELLENO EN SALSA

Ingredientes:

1 pavo de 2,5 kilogramos
1 cucharada de pimentón
2 cucharadas de aceite
1½ cucharadita de sal
½ cucharadita de nuez moscada
½ cucharadita de pimienta
20 uvas sin semilla
250 gramos de jamón
0,3 litro de vino tinto
2 hojas de laurel
1 manzana en trozos
250 gramos de carne de res
1 naranja dulce en lonjas
4 cebollas cortadas en trozos
200 gramos de papas cortadas en trozos
50 gramos de mantequilla
4 cucharadas de perejil
½ cucharadita de azafrán
4 dientes de ajo
100 gramos de pasta de tomate
4 tomates cortados en trozos

Instrucciones:

Mezcle el jamón, la carne, cebollas, papas, naranja, uvas, manzana, perejil, pimentón, laurel, ajo y una pizca de sal. Remuévalo bien y rellene el pavo con la mezcla. Embadurne al pavo en mantequilla. Mezcle la pimienta con la nuez moscada, el azafrán y el resto de la sal. Espolvoréelo sobre el pavo y póngalo en la olla con el aceite, tomate en trozos y la pasta diluida en el vino. Tape la olla y cocínelo a fuego lento durante 40 minutos. Se puede acompañar con la salsa de almendra. ¡Feliz Navidad!

GEFÜLLTER TRUTHAHN IN SOßE

Zutaten:

1 Truthahn, 2,5 Kilo
1 Esslöffel Paprikapulver
2 Esslöffel Öl
1½ Teelöffel Salz
½ Teelöffel Muskatnuss
½ Teelöffel Pfeffer
250 Gramm Schinken
20 Weintrauben, kernlos
2 Lorbeerblätter
0,3 Liter Rotwein
250 Gramm Rindfleisch
1 Apfel, in Stücke geschnitten
4 in Stücke geschnittene Zwiebel
1 süße Apfelsine, in Scheiben
50 Gramm Butter
200 Gramm in Stücke geschnittene
4 in Stücke geschnittene Tomaten
Kartoffeln
½ Teelöffel Safran
4 Esslöffel Petersilie
100 Gramm Tomatenmark
4 Knoblauchzehen

Zubereitung:

Schinken, Fleisch, Zwiebel, Kartoffeln, Apfelsine, Weintrauben, Apfel, Petersilie, Paprikapulver, Lorbeer, Salz und Knoblauch vermischen, gut durchrühren. Truthahn mit dieser Masse füllen. Truthahn von allen Seiten mit Butter einreiben. Pfeffer mit Muskatnuss, Safran und dem Rest vom Salz vermischen und auf den Truthahn geben. In einen Topf mit Öl, Tomatenstücken und dem in Wein verdünnten Tomatenmark geben. Topf verschließen und auf kleiner Flamme 40 Minuten garen. Dazu kann Mandelsoße serviert werden. Frohes Fest!

PATO AL MANDARIN

Ingredientes:

1	*pato de 2 kilogramos*
4	*cucharadas de salsa china*
¼	*cucharadita de pimienta*
1	*cebolla picadita*
2	*dientes de ajo*
1	*cucharadita de jengibre picadito*
1	*cucharadita de zumo de limón*
50	*mililitros de agua*

Instrucciones:
Prepare un aliño con la salsa china, cebolla, pimienta, ajo bien picadito, zumo de limón y el jengibre. Embadurne el pato y póngalo en el horno a 180 grados, durante 40 minutos.
Saque el pato del horno y déjelo enfriar. Córtelo en filetes deshuesándolo pero dejándole la piel. Con un cuchillo, dele a los filetes 10 cortes cada un centímetro, sin traspasar la carne. Ponga abundante aceite a calentar en una sartén durante 10 minutos. Fría los filetes durante 4 minutos. Diluya ½ cucharadita de sal en el agua. Rocíe con esa agua los filetes en la sartén, pero retírese de inmediato porque el aceite va a salpicar. Saque los filetes y póngalos sobre un papel absorbente para recoger la grasa que destilan. Sírvase con la salsa de tamarindo o con la de cereza.

ENTE CHINESISCHE ART

Zutaten:

1	*Ente, 2 Kilo*
4	*Esslöffel Sojasoße*
¼	*Teelöffel Pfeffer*
1	*zerkleinerte Zwiebel*
2	*Knoblauchzehen*
1	*Teelöffel zerkleinerter Ingwer*
1	*Teelöffel Zitronensaft*
50	*Milliliter Wasser*

Zubereitung:
Eine Mischung aus Sojasoße, Zwiebel, Pfeffer, gut zerkleinertem Knoblauch, Zitronensaft und Ingwer vorbereiten, mit dieser die Ente von allen Seiten gut einreiben, dann in den Backherd stellen und bei 180 Grad 40 Minuten lang braten. Ente aus dem Ofen nehmen, abkühlen lassen. In Filetstücke schneiden, dabei Knochen entnehmen und die Haut am Fleisch belassen. Zentimeterweise 10 Einschnitte mit dem Messer in das Filet schneiden, ohne das Fleisch zu durchtrennen. In einer Pfanne das übrige Öl 10 Minuten lang erhitzen, darin die Filets 2 Minuten anbraten. Wasser mit ½ Teelöffel Salz bis zum Auflösen vermischen. Mit der Hand etwas Salzwasser über die Filets in der Pfanne spritzen. Dabei Abstand von der Pfanne nehmen, da das heiße Öl spritzt. Filets aus der Pfanne nehmen und auf Küchenkrepp legen, damit das Öl abtropft. Mit Tamarindensoße oder Kirschsoße servieren.

AGUJA EN SALSA DE VINO

Ingredientes:

- 4 *filetes de aguja*
- ½ *hoja de laurel*
- ½ *cebolla en ruedas*
- ½ *cucharadita de sal*
- 2 *dientes de ajo*
- 1 *cucharadita de romerillo picadito*
- ½ *cucharadita de pimienta*
- 50 *gramos de crema de leche*
- 50 *mililitros de vino blanco*
- 1 *cucharada de zumo de limón*
- 2 *cucharadas de pasta de tomate*
- 2 *cucharadas de mantequilla*

Instrucciones:

Debe aliñar los filetes 30 minutos antes cocinarlos, con un aderezo de limón y ajo. Ponga a calentar la mantequilla a fuego lento en una sartén, y cuando se derrita échele el romerillo. Sofríalo durante 2 minutos. Póngales los filetes encima y agréguele los demás ingredientes, diluyendo la pasta de tomate y la nuez moscada en el vino. Tape la sartén y cocínelos durante 12 minutos a fuego lento. ¡Buen apetito!

SCHWERTFISCH IN WEINSOẞE

Zutaten:

- 4 *Schwertfischfilets*
- ½ *Lorbeerblatt*
- ½ *Zwiebel, in Ringen*
- ½ *Teelöffel Salz*
- 2 *Knoblauchzehen*
- 1 *Teelöffel zerkleinerter Rosmarin*
- ½ *Teelöffel Pfeffer*
- 50 *Gramm Sahne*
- 50 *Milliliter Weißwein*
- 1 *Esslöffel Zitronensaft*
- 2 *Esslöffel Tomatenmark*
- 2 *Esslöffel Butter*

Zubereitung:

Die Filets müüssen vor der Zubereitung 30 Minuten lang in einer Beize aus Zitronensaft und Knoblauch ziehen In einer Pfanne die Butter auf kleinem Feuer erhitzen. Ist sie geschmolzen, Rosmarin zugeben und 2 Minuten anbraten. Die Filets darauf legen und alle anderen Zutaten zugeben, Tomatenmark und Muskatnuss dabei mit dem Wein verdünnen. Pfanne zudecken und 10 Minuten auf kleinem Feuer schmoren.

SIERRA FRITA

Ingredientes:

600 gramos de sierra cortados en 4 medallones

4 cucharaditas de zumo de limón

¼ cucharadita de sal

2 dientes de ajo machacados

2 cucharaditas de aceite

Instrucciones:

Ponga a calentar medio litro de aceite en una sartén durante 10 minutos. Fría los medallones, volteándolos hasta dorarse. Sáquelos y póngalos a escurrir sobre un papel absorbente para recoger la grasa que destilan. Prepare un aderezo con las 2 cucharadas de aceite, el ajo y el limón. Rocíelo sobre el pescado, eche la sal y sírvalo. También puede acompañarlo con salsa de coco.

¡Buen apetito!

FRITTIERTER SÄGEFISCH

Zutaten:

600 Gramm Sägefischsteak

4 Teelöffel Zitronensaft

in 4 Medaillons geschnitten

¼ Teelöffel Salz

2 zerdrückte Knoblauchzehen

2 Teelöffel Öl

Zubereitung:

In einer Pfanne einen halben Liter Öl 10 Minuten erhitzen. Medaillons darin frittieren, wenden bis sie braun sind. Aus dem Öl nehmen und auf Küchenkrepp legen, damit das Fett abtropft. Eine Gewürzsoße aus 2 Esslöffeln Öl, Knoblauch und Zitrone zubereiten. Über den Fisch gießen, salzen und servieren. Kann auch mit einer Kokossoße serviert werden. Guten Appetit!

SIERRA EN SALSA DE LIMÓN

Ingredientes:

600 gramos de sierra cortada en 4 medallones
8 cucharadas de zumo de limón
¼ cucharadita de pimienta molida
2 cebollas cortadas en ruedas
½ cucharadita de sal
½ cucharadita de maicena
2 cucharaditas de vino blanco
1 ramita de perejil
1 diente de ajo machacado
1 cucharada de mantequilla

Instrucciones:
Ponga a calentar mantequilla en una olla a fuego lento. Añádale los medallones de sierra. Écheles encima los demás ingredientes menos la maicena. Tape la olla y cocínelos durante 10 minutos, volteándolos a los 5 minutos. Diluya la maicena en 2 cucharaditas de agua y añádala. Remueva bien la salsa y cuando esté espesa ya puede servirse. ¡Buen provecho!

SÄGEFISCH IN ZITRONENSOßE

Zutaten:

600 Gramm Sägefischsteak in
4 Medaillons geschnitten
8 Esslöffel Zitronensaft
2 in Ringe geschnittene Zwiebel
¼ Teelöffel gemahlener Pfeffer
½ Teelöffel Salz
½ Teelöffel Maizena
2 Teelöffel Weißwein
1 Stengel Petersilie
1 Esslöffel Butter
1 zerdrückte Knoblauchzehe

Zubereitung:
In einem Topf die Butter auf kleiner Flamme erhitzen. Die Medaillons rein legen und darauf alle Zutaten, außer Maizena, geben. Topf verschließen und 10 Minuten kochen lassen, dabei im 5 Minutenintervall wenden. Maizena mit 2 Teelöffeln Wasser verdünnen und in den Topf geben. Soße gut umrühren, wenn sie andickt, kann serviert werden Guten Appetit!

BACALAO CON PAPAS

Ingredientes:

250 gramos de bacalao
50 gramos de pasta de tomate
2 cucharadas de aceite de oliva
½ hoja de laurel
1 cucharada de zumo de limón
1 ají pimiento picadito
200 gramos de papa cortadas en cuadritos
1 ramita de perejil picadito
1 cebolla cortada en ruedas
100 mililitros de agua

Instrucciones:

Ponga en remojo el bacalao, y cámbiele el agua 3 veces cada 4 horas. Desmenuce el bacalao, sacándole el pellejo y las espinas. Caliente el aceite en una olla, y sofría durante 3 minutos el bacalao junto a papas, ají y cebolla. Agréguele los demás ingredientes y remuévalo bien. Tape la olla y cocine durante 20 minutos a fuego lento.
¡Buen provecho!

STOCKFISCH MIT KARTOFFELN

Zutaten:

250 Gramm Stockfisch
50 Gramm Tomatenmark
(getrockneter Kabeljau oder Dorsch)
2 Esslöffel Olivenöl
½ Lorbeerblatt
1 Esslöffel Zitronensaft
1 zerkleinerte Paprika
200 Gramm Kartoffeln, gewürfelt
1 Stengel gehackte Petersilie
100 Milliliter Wasser
1 in Ringe geschnittene Zwiebel

Zubereitung:

Stockfisch einweichen, dreimal das Wasser jeweils nach 4 Stunden wechseln. Stockfisch zerkleinern, Haut und Gräten entfernen. Im Topf Öl erhitzen, Fisch, Kartoffeln, Paprika und Zwiebeln hineingeben und 3 Minuten anbraten. Die übrigen Zutaten dazugeben und gut umrühren. Topf verschließen und auf kleiner Flamme 20 Minuten kochen.
Guten Appetit!

PARGO FRITO

Ingredientes:

600 gramos de pargo cortado en 8 medallones

4 cucharadas de zumo de limón

¼ cucharadita de sal

Instrucciones:

Ponga a calentar medio litro de aceite en una sartén. Fría los medallones y cuando estén dorados escúrralos en un papel absorbente para recoger la grasa que destilan. Al servirlos rocíele el limón y añádale la sal. Se puede acompañar con salsa de queso picante. ¡Buen provecho!

GEBRATENER SEEBARSCH

Zutaten:

600 Gramm Seebarschfilet; in 8 Medaillons geschnitten

4 Esslöffel Zitronensaft

¼ Teelöffel Salz

Zubereitung:

In einer Pfanne ½ Liter Öl erhitzen. Medaillons zugeben und frittieren. Wenn sie braun sind, auf einem Küchenpapier das aufgenommene Fett abtropfen lassen. Beim servieren Zitrone und Salz darüber geben. Kann man mit pikantem Käse servieren. Guten Appetit!

TIBURON FRITO

Ingredientes:

600 gramos de tiburón cortado en 4 medallones
4 cucharadas de zumo de limón
4 dientes de ajo
Una pizca de pimienta
10 mililitros de ron Havana Club
8 cucharadas de aceite
Una pizca de nuez moscada

Instrucciones:

Dos horas antes de freírlos, adobe los medallones con el limón, ajo, sal y nuez moscada. Ponga a calentar aceite en una sartén durante 3 minutos. Fríalos, volteándolos por ambos lados 2 veces cada 2 minutos. Rocíele el ron en la sartén. Bájelo del fuego y acompáñelo con la salsa de cebolla. ¡Buen apetito!

GERBRATENE HAIFISCH-STEAKS

Zutaten:

600 Gramm Haifisch, in 4 Steaks geschnitten
4 Esslöffel Zitronensaft
1 Prise Muskatnuss
1 Prise Pfeffer
4 Knoblauchzehen
8 Esslöffel Öl
1 Milliliter Rum Havana Club

Zubereitung:

Die Medaillons 2 Stunden vor dem Braten mit Zitrone, Salz und Muskatnuss würzen. In der Pfanne das Öl 3 Minuten erhitzen. Fisch darin von beiden Seiten zweimal je 2 Minuten braten. Den Rum darübergießen, Flamme klein stellen. Kann mit einer Zwiebelsoße servieren.
Guten Appetit!

TRUCHA A LA ROSA

Ingredientes:

4 truchas enteras de 400 gramos cada una
¼ cucharadita de pimienta
½ litro de vino blanco
4 rodajas de limón con cáscara
200 gramos de petit pois
1 cebollas cortadas en ruedas
½ cucharadita de sal
8 pétalos de rosas
4 cucharaditas de almendras
4 ramitas de perejil picaditas
8 cucharadas de aceite
¼ cucharadita de nuez moscada
4 tiras de bacón
2 dientes de ajo picadito
2 cucharadas de zumo de limón

Instrucciones:
Rellene las 4 truchas con bacón, perejil, cebolla y ajo. Ponga a calentar el aceite en una olla y sofría la almendra hasta dorarla. Agregue las truchas. Mezcle la nuez moscada con la pimienta y la sal, y échela sobre las truchas. Añádale los pétalos de rosas y luego cúbralos con el petit pois. Agréguele el vino, el zumo y las rodajas de limón. Tape la olla y cocínelas a fuego lento durante 30 minutos. ¡Buen apetito!

FORELLE AUF ROSEN

Zutaten:

4 ganze Forellen, je 400 Gramm
¼ Teelöffel Pfeffer
4 Scheiben Zitrone mit Schale
½ Liter Weißwein
½ Teelöffel Salz
200 Gramm grüne Erbsen
4 Teelöffel Mandelsplitter
1 Zwiebel, in Ringe geschnitten
4 Scheiben Schinken
¼ Teelöffel Muskatnuss
8 Rosenblütenblätter
2 zerkleinerte Knoblauchzehen
4 Stengel Petersilie
8 Esslöffel Öl
2 Esslöffel Zitronensaft

Zubereitung:
Die 4 Forellen mit Schinken, Petersilie, Zwiebel und Knoblauch füllen. In einem Topf das Öl erhitzen, die Mandeln anbraten und Forellen zugeben. Eine Mischung aus Muskatnuss, Pfeffer und Salz herstellen und auf die Forellen streuen, Rosenblätter darauf legen und mit grünen Erbsen abdecken. Wein, Saft und Zitronenscheiben zugeben. Topf verschließen und 30 Minuten bei kleinem Feuer garen. Guten Appetit!

DORADO A LA PLANCHA

Ingredientes:

- 4 *dorados enteros de 300 gramos cada uno*
- 2 *cucharadas de aceite de oliva*
- 4 *cucharadas de zumo de limón*
- ¼ *cucharadita de pimienta blanca molida*
- ½ *cucharadita de sal*
- 8 *cucharaditas de vino blanco*
- *Una pizca de nuez moscada*
- ½ *cucharadita de jengibre molido*
- 1 *ramita de culantro picadito*

Instrucciones:

Prepare un aderezo con el vino, limón, pimienta, nuez moscada, jengibre, sal y culantro. Adobe los pescados con este aliño una hora antes de ponerlos a la plancha. Escúrralos 5 minutos antes de cocinarlos y póngalos sobre un papel absorbente. Caliente la plancha durante 10 minutos, úntele el aceite y ponga los pescados encima. Voltéelos 4 veces por ambos lados cada 4 minutos. Sírvalos con sal y limón al gusto. Se puede acompañar con salsa de coco. ¡Buen provecho!

GEGRILLTE GOLDBRASSE

Zutaten:

- 4 *ganze Brassen, je 300 Gramm*
- 2 *Esslöffel Olivenöl*
- ¼ *gemahlener weißer Pfeffer*
- 4 *Esslöffel Zitronensaft*
- 1 *Prise Muskatnuss*
- ½ *Teelöffel Salz*
- ½ *Teelöffel gemahlener Ingwer*
- 8 *Teelöffel Weißwein*
- 1 *Stengel zerkleinerter Koriander*

Zubereitung:

Aus dem Wein, Zitrone, Pfeffer, Muskatnuss, Ingwer, Salz und Koriander eine Gewürzmischung bereiten, darin die Goldbrassen eine Stunde vor dem Grillen einlegen. 5 Minuten vorher auf Küchenkrepp abtropfen lassen. Elektrischen Grill 10 Minuten erhitzen, mit Öl einreiben und Fische auflegen. Viermal wenden, beide Seiten je 4 Minuten. Mit Salz und Zitrone nach Geschmack anrichten. Kann mit Kokossoße serviert werden. Guten Appetit!

DORADO A LA CRIOLLA

Ingredientes:

4	*dorados enteros de 300 gramos cada uno*
2	*cucharadas de zumo de limón*
4	*tomates cortados en trocitos*
1	*ají pimiento rojo*
½	*ají pimiento verde*
2	*cebollas picaditas*
4	*ramitas de perejil picaditas*
4	*ramitas de culantro picadito*
½	*cucharadita de pimienta blanca*
4	*cucharadas de aceite de oliva*
½	*cucharada de sal*
2	*cucharadas de mantequilla*
5	*mililitros de vino blanco*
2	*cucharadas de pasta de tomate*

Instrucciones:

Ponga a calentar aceite en una olla durante 4 minutos. Eche los pescados y todos los ingredientes menos el vino. Sofríalos durante 5 minutos y luego agréguele el vino. Tape la olla y cocínelos a fuego lento durante 15 minutos. ¡Buen apetito!

GOLDBRASSE AUF KREOLISCHE ART

Zutaten:

4	*ganze Brassen, je 300 Gramm*
2	*Esslöffel Zitronensaft*
1	*rote Paprika*
4	*in Stücke geschnittene Tomaten*
2	*zerkleinerte Zwiebel*
½	*grüne Paprika*
4	*Stengel zerkleinerter Koriander*
½	*Teelöffel weißer Pfeffer*
4	*Esslöffel Olivenöl*
½	*Esslöffel Salz*
2	*Esslöffel Butter*
50	*Milliliter Weißwein*
2	*Esslöffel Tomatenmark*

Zubereitung:

Öl in einem Topf 4 Minuten erhitzen. Fische und alle Zutaten außer dem Wein hineingeben und 5 Minuten anbraten. Mit Wein auffüllen, Topf verschließen und auf kleinem Feuer 15 Minuten garen. Guten Appetit!

ROBALO EN SALSA VERDE

Ingredientes:

4 filetes de robalo
1 cucharada de pasta de tomate
3 cucharadas de mantequilla
2 cucharadas de zumo de limón
2 cucharadas de alcaparras pequeñas
½ cucharadita de sal
½ cebolla cortada en ruedas
4 cucharadas de vino blanco
2 ramitas de perejil picadito
2 ramitas de romerillo

Instrucciones:

Ponga a calentar mantequilla en una sartén durante 2 minutos. Échele la cebolla, alcaparras, romerillo, perejil y la pasta de tomate. Cocine a fuego lento, removiendo durante 2 minutos. Agréguele los filetes. Espolvoréelo con sal y viértale limón y vino. Tape la sartén y cocínelo a fuego lento durante 15 minutos, volteándolo una vez. ¡Buen provecho!

ROTBARSCH IN GRÜNER SOßE

Zutaten:

4 Rotbarschfilets
1 Esslöffel Tomatenmark
3 Esslöffel Butter
2 Esslöffel Zitronensaft
2 Esslöffel kleine Kapern
½ Teelöffel Salz
4 Esslöffel Weißwein
½ in Ringe geschnittene Zwiebel
2 Stengel Rosmarin
2 Stengel zerkleinerte Petersilie

Zubereitung:

In einer Pfanne die Butter 2 Minuten erhitzen. Zwiebel, Kapern, Rosmarin, Petersilie und Tomatenmark zugeben. 2 Minuten auf kleinem Feuer umrühren. Filets hineingeben, Salz, Zitrone und Wein hinzufügen. Pfanne zudecken und 15 Minuten auf kleiner Flamme garen, dabei den Fisch einmal umwenden. Guten Appetit!

PULPO EN OLIVA

Ingredientes:

500 gramos de masa de pulpo

1 hoja de laurel

5 granos de pimienta

4 dientes de ajo

1 pizca de pimienta

1 pizca de nuez moscada

8 cucharadas de zumo de limón

8 cucharadas de aceite de oliva

¼ cucharadita de sal

1 ramita de romerillo

Instrucciones:

Ponga a hervir el pulpo con el laurel, nuez moscada, romerillo y pimienta en 3 litros de agua durante 40 minutos. Sáquelo de la olla, córtelo en trozos y golpéelos con la maceta de cocina. Prepare un mojo con el aceite, ajo, limón y la sal y viértalo sobre el pulpo. Sírvalo caliente o frío, como guste. ¡Buen apetito!

KRAKE IN OLIVENÖL

Zutaten:

500 Gramm Krakenfleisch

1 Lorbeerblatt

5 Pfefferkörner

4 Knoblauchzehen

1 Prise Pfeffer

1 Prise Muskatnuss

8 Esslöffel Zitronensaft

8 Esslöffel Olivenöl

¼ Teelöffel Salz

1 Stengel Rosmarin

Zubereitung:

Kraken mit Lorbeer, Muskatnuss, Rosmarin, und Pfeffer in 3 Liter Wasser 40 Minuten kochen. Aus dem Wasser nehmen, in Stücke schneiden, und mit dem Holzschlegel vorsichtig weichklopfen. Öl mit Knoblauch, Zitrone und Salz vermischen, über das Fleisch gießen. Kalt oder heiß servieren. Guten Appetit!

CALAMAR EN SALSA

Ingredientes:

500 gramos de calamares limpios
100 mililitros de vino tinto
¼ cucharadita de pimienta molida
50 gramos de pasta de tomate
4 ramitas de culantro picadito
1 diente de ajo picadito
3 cucharadas de aceite de oliva
½ cucharadita de sal

Instrucciones:
Ponga a calentar aceite en una olla durante 2 minutos. Divida los calamares a la mitad, si son pequeños y en 4 partes, si son grandes. Sofríalos hasta dorarlos. Agregue el ajo, sal, pimienta y culantro, y remueva durante 2 minutos. Échele la pasta de tomate y el vino. Tape la olla y cocínelos durante 20 minutos a fuego lento.
¡Buen provecho!

TINTENFISCH IN SOßE

Zutaten:

500 Gramm gesäuberte Tintenfische
100 Milliliter Rotwein
¼ Teelöffel gemahlener Pfeffer
50 Gramm Tomatenmark
½ Teelöffel Salz
4 Stengel zerkleinerter Koriander
3 Esslöffel Olivenöl

Zubereitung:
Öl in einem Topf 2 Minuten erhitzen. Kleine Tintenfische in 2 Teile teilen, größere in 4 Teile. Im Öl anbraten, Knoblauch, Salz, Pfeffer und Koriander zugeben, 2 Minuten umrühren. Tomatenmark und Wein zu gießen. Topf schließen und 20 Minuten auf kleinem Feuer garen.
Guten Appetit!

ENCHILADA DE CAMARONES

Ingredientes:

400 gramos de camarones pelados
50 gramos de pasta de tomate
4 ramitas de culantro
1 cucharada de mantequilla
2 cucharadas de vino tinto
1 cucharada de salsa china
¼ cucharadita de pimienta
¼ cucharadita de sal
2 tomates cortados en trocitos
½ ají pimiento picadito
1 cebolla picadita
2 cucharadas de aceite de oliva
2 dientes de ajo picadito

Instrucciones:

Ponga a calentar aceite en una olla. Sofría los camarones con el ají, cebolla, ajo, tomate picadito, culantro y pimienta, durante 4 minutos. Agregue los demás ingredientes, remueva bien y cocínelo durante 10 minutos. ¡Buen apetito!

GARNELEN IN SOßE

Zutaten:

400 Gramm geschälte Garnelen
50 Gramm Tomatenmark
4 Stengel Koriander
1 Esslöffel Butter
2 Esslöffel Rotwein
1 Esslöffel Sojasoße
¼ Teelöffel Pfeffer
¼ Teelöffel Salz
2 in Stücke geschnittene Tomaten
½ zerkleinerte Paprika
1 zerkleinerte Zwiebel
2 Esslöffel Olivenöl
2 zerkleinerte Knoblauchzehen

Zubereitung:

Öl im Topf erhitzen. Garnelen mit Paprika, Zwiebel, Knoblauch, Tomate, Koriander und Pfeffer 4 Minuten anbraten. Die restlichen Zutaten hinzufügen, gut umrühren und 10 Minuten schmoren. Guten Appetit!

CALAMARES FRITOS

Ingredientes:

400 gramos de calamares limpios

1 ají pimiento rojo en ruedas finas

1 cebolla cortada en ruedas

4 dientes de ajo picaditos

¼ cucharadita de pimienta blanca

10 mililitro de ron Havana Club

½ cucharadita de sal

1 cucharada de maní semi-molido

6 cucharadas de aceite de oliva

2 ramitas de culantro picadito

Instrucciones:

Ponga a calentar aceite en una sartén durante 4 minutos. Corte los calamares en ruedas finas. Fríalos durante 8 minutos. Agregue los demás ingredientes menos el ron. Remueva constantemente. Cuando los ajíes y las cebollas estén dorados, eche el ron. Bájelo del fuego y sírvalo caliente. Se puede acompañar con la salsa de ajo o la de limón. ¡Buen apetito!

GEBRATENER TINTENFISCH

Zutaten:

400 Gramm gesäuberte Tintenfische

1 rote Paprika, in feine Ringe

1 in Ringe geschnittene Zwiebel geschnitten

4 zerkleinerte Knoblauchzehen

¼ Teelöffel weißer Paprika

10 Milliliter Rum Havana Club

½ Teelöffel Salz

6 Esslöffel Olivenöl

1 Esslöffel grob gemahlene

2 Stengel zerkleinerter Koriander Erdnüsse

Zubereitung:

In einer Pfanne das Öl 4 Minuten erhitzen, in dünne Scheiben geschnittene Tintenfische zugeben. 8 Minuten anbraten, dann alle anderen Zutaten außer dem Rum zugeben. Ständig umrühren. Wenn Paprika und Zwiebeln braun werden, den Rum darüber gießen und Feuer klein stellen. Heiß servieren. Kann mit Knoblauch- oder Zitronensoße serviert werden.

ENCHILADO DE LANGOSTA

Ingredientes:

500 gramos de masa de langosta

2 dientes de ajo molido

100 gramos de pasta de tomate

¼ cucharadita de pimienta

½ cebolla picadita

50 gramos de crema de leche

1 cucharadita de sal

1 ají pimiento picadito

10 mililitros de vino blanco

1 hoja de laurel

4 cucharadas de aceite de oliva

1 centilitro de ron Havana Club

¼ cucharadita de picante

Instrucciones:

Ponga a calentar el aceite en una olla durante 4 minutos. Échele las masas de langosta cortadas en trocitos. Remueva para que no se queme, y cuando estén doradas agréguele el ajo, ají, cebolla, pimienta, sal, y la hojita de laurel. Remuévalo y sofríalo durante 5 minutos. Añada el ron, luego la pasta de tomate y la crema de leche diluidos en el vino. Tape la olla y cocínelo durante 20 minutos a fuego lento.

HUMMERFRIKASSEE

Zutaten:

500 Gramm Hummerfleisch

2 gemahlene Knoblauchzehen

100 Gramm Tomatenmark

¼ Teelöffel Pfeffer

½ zerkleinerte Zwiebel

50 Gramm Sahne

1 Teelöffel Salz

1 zerkleinerte Paprika

100 Milliliter Weißwein

1 Lorbeerblatt

¼ Teelöffel Chili

4 Esslöffel Olivenöl

10 Milliliter Rum Havana Club

Zubereitung:

Öl im Topf 4 Minuten erhitzen, in Stücke geschnittenes Hummerfleisch hineingeben, anbraten, dabei gut umrühren, damit es nicht anbrennt.. Knoblauch, Paprika, Zwiebel, Pfeffer, Salz und Lorbeer zugeben, umrühren und 5 Minuten anbraten. Rum aufgießen, dann das in Wein verrührte Tomatenmark und die Sahne zugeben. Topf zudecken und 20 Minuten auf kleinem Feuer garen.

LANGOSTA A LA PLANCHA

Ingredientes:

500 gramos de masa de langosta
4 cucharadas de aceite de oliva
¼ cucharadita de pimienta semi-molida
4 dientes de ajo machacados
¼ cucharadita de sal
2 cucharadas de zumo de limón
½ ají pimiento rojo
½ ají pimiento verde
1 cebolla cortada en ruedas

Instrucciones:

Calentar la plancha durante 10 minutos. Échele el aceite, ajíes cortados en trozos, cebolla y las masas de langosta. Cocínelo durante 10 minutos, volteándolo de vez en cuando. Mezcle el ajo con la pimienta, sal, limón y 4 cucharadas aceite. Remuévalo bien y échelo por encima a la hora de servirse. Se puede acompañar con la salsa tropical. ¡Buen apetito!

GEGRILLTES HUMMERFLEISCH

Zutaten:

500 Gramm Hummerfleisch
4 Esslöffel Olivenöl
¼ Teelöffel grob gemahlener Pfeffer
4 zerdrückte Knoblauchzehen
2 Esslöffel Zitronensaft
¼ Teelöffel salz
½ grüne Paprika
½ rote Paprika
1 in Ringe geschnittene Zwiebel

Zubereitung:

Grillplatte 10 Minuten lang vorheizen. Öl, in Stücke geschnittene Paprika, Zwiebel und Hummerfleisch darauflegen, 10 Minuten garen. Ab und zu umdrehen. Knoblauch mit Pfeffer, Salz, Zitrone und 4 Esslöffel Öl vermischen. Gut verrühren und vor dem Servieren auf die Hummer gießen. Kann mit tropischer Soße gereicht werden.
Guten Appetit!

LANGOSTA A LA PARRILLA

Ingredientes:

4 langostas de 500 gramos
100 gramos de crema de leche
50 gramos de pasta de tomate
100 mililitros de vino blanco
¼ cucharadita de pimienta blanca
¼ cucharadita de jengibre
4 ramitas de culantro picadito
½ cucharada de sal
¼ cucharadita de ají picante

Instrucciones:
Ponga las langostas en la parilla durante 25 minutos, volteándolas de vez en cuando. Eche los demás ingredientes en la coctelera y bátalos durante 2 minutos. Ponga una sartén a calentar y échele los ingredientes. Cocínelo a fuego lento durante 5 minutos. Baje las langostas de la parrilla y córtelas transversalmente por el centro. Sírvalas en platos, bañadas en salsa. ¡Buen apetito!

HUMMER VOM GRILL

Zutaten:

4 Hummer, 500 Gramm
100 Gramm Sahne
50 Gramm Tomatenmark
100 Milliliter Weißwein
¼ Teelöffel weißer Pfeffer
¼ Teelöffel Ingwer
4 Stengel gehackter Koriander
½ Esslöffel Salz
¼ Teelöffel Chili

Zubereitung:
Die ganzen Hummer für 25 Minuten auf den Grill legen, einige Male umwenden. Die übrigen Zutaten in einen Mixer geben, 2 Minuten mixen. Eine Pfanne erhitzen, Gewürzmischung hineingeben, 5 Minuten auf kleiner Flamme köcheln. Hummer vom Grill nehmen, in der Mitte längs aufschneiden. Auf Tellern servieren und die Soße darüber gießen.
Guten Appetit!

ENCHILADO DE CANGREJO MORO

Ingredientes:

1 *kilogramo de patas y muelas de cangrejo*

2 *hojas de laurel*

½ *ají pimiento rojo picadito*

4 *tomates grandes picaditos*

½ *cebolla picadita*

½ *litro de vino seco blanco*

¼ *cucharadita de pimienta*

½ *cucharadita de sal*

Una pizca de nuez moscada

2 *cucharadas de pasta de tomate*

2 *cucharadas de mantequilla*

¼ *cucharadita de comino en polvo*

Instrucciones:

Ponga a calentar la mantequilla en una olla durante 2 minutos. Échele la cebolla, ají, pimienta, nuez moscada, sal, comino y los tomates picaditos, y sofríalo durante 4 minutos, removiéndolo bien. Agregue el cangrejo, pasta de tomate y el vino. Remueva y tape la olla. Cocínelo a fuego lento durante 30 minutos. Sírvalo en cazuela y utilice la pinza para sacar las masas.

KREBSFLEISCHFRIKASSEE

Zutaten:

1 *Kilo Krebsfüße und –scheren*

2 *Lorbeerblätter*

4 *große zerkleinerte Tomaten*

½ *rote zerkleinerte Paprika*

½ *Liter trockener Weißwein*

½ *zerkleinerte Zwiebel*

½ *Teelöffel Salz*

¼ *Teelöffel Pfeffer*

2 *Esslöffel Tomatenmark*

1 *Prise Muskatnuss*

2 *Esslöffel Butter*

¼ *Teelöffel Kümmelpulver*

Zubereitung:

Butter im Topf 2 Minuten erhitzen, Zwiebel, Paprika, Pfeffer, Muskat, Salz, Kümmel, und zerkleinerte Tomaten hineingeben, 4 Minuten anbraten, gut umrühren. Krebsteile, Tomatenmark und Wein zugeben, umrühren. Topf schließen, 30 Minuten auf kleinem Feuer schmoren. In Schüsseln servieren, Pinzette verwenden, um das Krabbenfleisch auszulösen. Guten Appetit!

ENCHILADO DE MASAS DE CANGREJO

Ingredientes:

400 gramos de masa de cangrejo
4 cucharadas de pasta de tomate
2 tomates picaditos
2 dientes de ajo picaditos
¼ cucharadita de comino
¼ cucharadita de picante
4 cucharadas de crema de leche
10 mililitro de ron Havana Club
6 cucharadas de vino blanco
2 cucharadas de aceite de oliva
¼ cucharadita de sal

Instrucciones:

Ponga a calentar aceite en una olla durante 4 minutos. Sofría las masas de cangrejo con el ajo, comino, tomates picaditos y la sal durante 5 minutos. Agréguele el ron, pasta de tomate, crema de leche, picante y el vino. Remuévalo bien. Tape la olla y cocínelo a fuego lento durante 10 minutos. ¡Buen provecho!

KRABBENFLEISCHFRIKASSEE

Zutaten:

400 Gramm Krabbenfleisch
4 Esslöffel Tomatenmark
2 zerkleinerte Tomaten
2 zerkleinerte Knoblauchzehen
¼ Teelöffel Kümmel
¼ Teelöffel Chili
4 Esslöffel Sahne
10 Milliliter Rum Havanna-Club
6 Esslöffel Weißwein
2 Esslöffel Olivenöl
¼ Teelöffel Salz

Zubereitung:

Öl in einem Topf 4 Minuten erhitzen, Krabbenfleisch mit Knoblauch, Kümmel, geschnittenen Tomaten und Salz 5 Minuten anbraten. Rum, Tomatenmark, Sahne, Chili und Wein zugeben, gut umrühren. Topf schließen und auf kleinem Feuer 10 Minuten garen. Guten Appetit!

PUDIN DE COCO

Ingredientes:

200 gramos de coco rallado
50 gramos de crema de coco
100 gramos de azúcar prieta
3 huevos
100 mililitros de leche de vaca
2 cucharadas de mantequilla
1 cucharada de levadura
6 cucharadas de harina de trigo

Instrucciones:

Bata los huevos, el azúcar y la mantequilla con la escobilla de alambre. Agregue la crema, coco rallado, leche, harina, levadura y mézclelo todo bien. Haga un almíbar con 5 cucharadas de azúcar derretidas a fuego lento y embadurne el molde donde hará el pudín. Quite el almíbar del fogón y déjelo enfriar. Vierta la mezcla en el molde y tápela con un papel impermeable o de aluminio, sujetándolo bien con la presilla del molde.

Ponga este molde a cocinar en baño de María. Tape la olla y cocínelo durante 40 minutos. Sáquelo del agua, destape el molde y colóquele encima un plato hondo. Voltéelo de forma tal que el plato quede debajo. Póngalo sobre la mesa y quítele el molde. Sírvase frío.

Advertencia

Tenga en cuenta que en el transcurso de la cocción no se le gaste el agua.

KOKOSKARAMELPUDDING

Zutaten:

200 Gramm Kokosraspeln

50 Gramm Kokosmilch

100 Gramm brauner Rohrzucker

3 Eier

10 Milliliter Milch

2 Esslöffel Butter

1 Esslöffel Hefe

6 Esslöffel Weizenmehl

Zubereitung:
Eier, Butter und Zucker (bis auf 5 Esslöffel, die später für das Karamel gebraucht werden) mit dem Schneebesen verquirlen. Sahne, Kokosraspeln, Milch, Mehl und Hefe zugeben, alles gut vermischen. In eine feuerfeste Puddingform die 5 Esslöffel Zucker zum Karamellisieren gießen; Dazu die Form auf kleiner Flamme erwärmen. Wenn der Karamelzucker eine braune Farbe annimmt, die Form schwenken, damit sie innen völlig bedeckt wird. Die Form vom Herd nehmen und abkühlen lassen. Die angerührte Puddingmasse einfüllen. Mit Ölpapier oder Aluminiumfolie abdecken und diese gut festbinden.
Form in einem zugedeckten Topf im Wasserbad erhitzen, nach 40 Minuten Kochzeit aus dem Wasser nehmen und die Abdeckung entfernen. Den Pudding auf einen tiefen Teller stürzen und kalt servieren.
Achtung!
Während der Garzeit darauf achten, dass das Wasser nicht verkocht!

FLAN DE COCO

Ingredientes:

200 gramos crema de coco

4 huevos

200 gramos de leche condensada

0,2 litro de leche de vaca

50 gramos de coco rallado

Instrucciones:

Bata los huevos y agréguele la leche condensada, crema de coco, leche de vaca bien caliente y el coco rallado. Remuévalo bien y viértalo en un molde. Tápelo con papel impermeable o de aluminio, sujetándolo con la presilla del molde para que no penetre el vapor. Coloque el molde en baño de María. Tape la olla y cocínelo durante 40 minutos. Sírvalo frío en platillos.

Advertencia: Tenga en cuenta que en el transcurso de la cocción no se le gaste el agua.

KOKOSAUFLAUF

Zutaten:

200 Gramm Kokosmilch

4 Eier

100 Gramm Kondensmilch

0,2 liter Milch

50 Gramm Kokosraspeln

Zubereitung:

Eidotter verquirlen; Kondensmilch, Kokosmilch, Kokosraspeln und heiße Milch dazugeben und gut verrühren. In eine Backform gießen, mit Ölpapier oder Aluminiumfolie abdecken und diese festbinden, damit kein Dampf oder Wasser eindaringen kann. Form im zugedeckten Topf im Wasserbad erhitzen, nach 40 Minuten Kochzeit herausnehmen und die Abdeckung entfernen. Pudding stürzen und kalt auf kleinen Tellern servieren.

Achtung! Während der Garzeit darauf achten, dass das Wasser nicht verkocht!

ARROZ CON LECHE

Ingredientes:

100 gramos de arroz
100 gramos de azúcar
½ cucharadita de corteza de limón rallada
0,3 litro de leche de vaca
½ cucharadita de canela en polvo
0,2 litro de leche evaporada

Instrucciones:
Ponga el arroz en remojo en la leche de vaca, durante 2 horas. Cocínelo con la corteza del limón a fuego lento durante 15 minutos. Échele la leche evaporada y el azúcar. Remuévalo bien y cocínelo durante 3 minutos a fuego lento. Al servirlo agregue la canela en polvo.

MILCHREIS

Zutaten:

100 Gramm Reis
100 Gramm Zucker
½ Teelöffel abgeriebene Zitronenschale
0,3 Liter Milch
0,2 Liter Kondensmilch
½ Teelöffel Zimtpulver

Zubereitung:
Reis 2 Stunden in der Milch einweichen. Mit der Zitronenschale auf kleinem Feuer 15 Minuten kochen. Die Kondensmilch und den Zucker zugeben, gut umrühren und 3 Minuten auf kleinem Feuer kochen. Vor dem Servieren Zimtpulver darüber streuen.

PLATANO BORRACHO

Ingredientes:

4 plátanos bien maduros
100 mililitros de vino tinto
1 cucharadita de canela en polvo
4 cucharadas de mantequilla
8 cucharadas de azúcar prieta

Instrucciones:
Pele los plátanos. Ponga a calentar la mantequilla en una olla durante 4 minutos. Dore los plátanos a fuego lento, agregue el vino y el azúcar. Mantenga el fuego hasta que se diluya el azúcar.

BETRUNKENE BANANE

Zutaten:

4 sehr reife Bananen
100 Milliliter Rotwein
1 Teelöffel Zimtpulver
4 Esslöffel Butter
8 Esslöffel brauner Zucker

Zubereitung:
Bananen schälen. Butter in einem Topf 4 Minuten lang erhitzen. Bananen auf kleiner Flamme anbräunen, dann Wein und Zucker zugeben. Bei kleiner Flamme umrühren, bis der Zucker sich auflöst.

PUDIN TROPICAL

Ingredientes:

0,2 litro de leche de vaca

¼ cucharadita de levadura

½ cucharadita de extracto de vainilla

Una pizca de sal

200 gramos de pan duro sin la corteza

¼ cucharadita de canela en polvo

50 gramos de azúcar

100 gramos de coctel de frutas

3 huevos

Instrucciones:

Hierva la leche con la canela y la sal. Agregue la vainilla con el pan picado en pedacitos pequeños, azúcar y la levadura. Déjelos enfriar. Bata los huevos y júntelos a la mezcla. Por último, añada el coctel de frutas sin almíbar. Prepare caramelo cocinando 5 cucharadas de azúcar en un molde de pudín a fuego lento, agítandolo para embadurnar las paredes. Quítelo del calor, déjelo enfriar y échele la mezcla. Tape con un papel impermeable o de aluminio, sujetándolo bien con la presilla del molde.

Póngalo a cocinar en baño de María. Tape la olla. Cocínelo durante 40 minutos. Sáquelo del agua, destape el molde y colóquele encima un plato hondo. Voltéelo de forma tal que el plato quede debajo. Póngalo sobre la mesa y quítele el molde. Sírvase frío.

Advertencia:

Cuide de que durante la cocción no se le gaste el agua.

TROPISCHER PUDDING

Zutaten:

0,2 Liter Milch

¼ Teelöffel Hefe

½ Teelöffel Vanillenextrakt

1 Prise Salz

200 Gramm hartes Brot ohne Rinde

¼ Teelöffel Zimtpulver

50 Gramm Zucker

100 Gramm Früchtecocktail

3 Eier

Zubereitung:

Milch mit Zimt und Salz aufkochen. Vanille, in kleine Stücke geschnittenes Brot, Zucker und Hefe hinzufügen. Abkühlen lassen. Eier verquirlen und zu der Masse hinzugeben., zum Schluss den Früchtecocktail ohne Sirup. In einer Puddingform weitere 5 Esslöffel Zucker auf kleiner Flamme karamelisieren. Wenn der Zucker braun wird, die Form schwenken, damit sich der Karamelsirup gut verteilt. Vom Feuer nehmen, erkalten lassen und den Puddingteig einfüllen. Mit Ölpapier oder Aluminiumfolie abdecken und diese gut festbinden.

Form in einem zugedeckten Topf im Wasserbad erhitzen, nach 40 Minuten Kochzeit aus dem Wasser nehmen und die Abdeckung entfernen. Den Pudding auf einen tiefen Teller stürzen und kalt servieren.

Achtung!

Während der Garzeit darauf achten, dass das Wasser nicht verkocht!

PAPAYA EN ALMIBAR

Ingredientes:

400 gramos de papaya madura

2 lasquitas de canela

¼ cucharadita de vainilla

100 gramos de azúcar

Instrucciones:

Pele la papaya y quítele las semillas. Córtela en trozos y échelos en la olla con el azúcar, vainilla y la canela. Cocine durante 10 minutos a fuego lento, removiendo de vez en cuando con una cuchara de madera. Sírvase frío.

PAPAYA IN SIRUP

Zutaten:

400 Gramm reife Papaya

2 Stangen Zimt

¼ Teelöffel Vanille

100 Gramm Zucker

Zubereitung:

Papaya schälen, entkernen und in Stücke schneiden. In einen Topf mit Zucker, Vanille und Zimt geben. 10 Minuten auf kleiner Flamme kochen, dabei ab und zu mit einem Holzlöffel umrühren. Kalt servieren.

PUDIN DE CALABAZA

Ingredientes:

100 mililitros de leche de vaca
1 cucharadita de vainilla
50 gramos de maní tostado semi-molido
4 huevos
4 cucharadas de harina de trigo
500 gramos de calabaza
2 cucharaditas de mantequilla
50 gramos de pasitas
1 cucharadita de levadura
100 gramos de azúcar

Instrucciones:
Cocine la calabaza sin cáscara y sáquela cuando se haya ablandado. Escúrrala en una coladera y déjela enfriar. Haga una mezcla con todos los ingredientes batiéndolos bien. Caliente a fuego lento 3 cucharadas de azúcar en un molde, y cuando tenga un color dorado mueva el molde para que el almíbar se extienda por el interior de este. Déjelo enfriar y viértale dentro la mezcla del pudín. Tape con un papel impermeable o de aluminio, sujetándolo con la presilla del molde.
Póngalo a cocinar en baño de María. Tape la olla y cocínelo durante 25 minutos. Sáquelo del agua, destape el molde, colóquele encima un plato hondo y voltéelo de forma tal que el plato quede debajo. Póngalo sobre la mesa y quítele el molde. Sírvase frío.
Advertencia: Cuide de que durante la cocción no se le gaste el agua.

KÜRBISPUDDING

Zutaten:

0,1 Liter Milch
1 Teelöffel Vanille
50 Gramm geröstete Erdnüsse, grob gemahlen
4 Eier
4 Esslöffel Mehl
500 Gramm Kürbis
2 Teelöffel Butter
50 Gramm Rosinen
1 Teelöffel Hefe
100 Gramm brauner Zucker

Zubereitung:
Kürbis schälen, in Stücke schneiden und kochen. Stücke, wenn sie weich sind, aus dem Wasser nehmen, zum Abtropfen in ein Sieb geben und abkühlen lassen. Den Kürbis mit allen anderen Zutaten in einem Mixer gut durchrühren und dabei 5 Esslöffel Zucker übrig lassen. In einer Puddingform diesen Zucker auf kleiner Flamme karamelisieren. Wenn der Zucker braun wird, die Form schwenken, damit sich der Karamelsirup gut verteilt. Vom Feuer nehmen, erkalten lassen und den Puddingteig einfüllen. Mit Ölpapier oder Aluminiumfolie abdecken und diese gut festbinden.Form in einem zugedeckten Topf im Wasserbad erhitzen, nach 40 Minuten Kochzeit aus dem Wasser nehmen und die Abdeckung entfernen. Den Pudding auf einen tiefen Teller stürzen und kalt servieren.
Achtung! Während der Garzeit darauf achten, dass das Wasser nicht verkocht!

CREMA DE COCO

Ingredientes:

4 yemas de huevo
0,2 litro de crema de coco
½ cucharadita de vainilla
0,2 litro de leche de vaca
2 cucharadas de ron Havana Club
100 gramos de azúcar pulverizada

Instrucciones:
Bata las yemas con el azúcar y la vainilla hasta formar una pasta. Agréguele los demás ingredientes. Remuévalos bien durante 5 minutos con la escobilla de alambre y póngalo en el refrigerador durante 2 horas.

KOKOSCREME

Zutaten:

4 Eidotter
0,2 Liter Kokosmilch
½ Teelöffel Vanille
0,2 Liter Milch
2 Esslöffel Rum Havanna Club, 7 Jahre
100 Gramm Puderzucker

Zubereitung:
Eidotter mit Zucker und Vanille glatt verquirlen. Die übrigen Zutaten zugeben. Mit einem Schneebesen 5 Minuten gut verrühren und 2 Stunden in den Kühlschrank stellen.

DULCE DE TORONJA

Ingredientes:

2 toronjas

100 gramos de azúcar

¼ cucharadita de canela

Intrucciones:

Pele las toronjas. Sáqueles la pulpa y ponga a cocinar las cortezas en 3 litros de agua durante una hora. Cámbiele el agua cada 20 minutos. Escúrralas en una coladera y échelas en la olla, con el azúcar y la canela. Cocínelas a fuego lento durante 10 minutos, removiéndolas suavemente con la cuchara de madera. Sírvase frío.

PAMPELMUSENKOMPOTT

Zutaten:

2 Pampelmusen

100 Gramm Zucker

¼ Teelöffel Zimt

Zubereitung:

Pampelmusen sehr dünn abschälen und vierteln. Fruchtfleisch aus den Hälften der weißen inneren Schale entfernen und diese Schalen in 3 Liter Wasser 1 Stunde lang kochen, dabei das Wasser alle 20 Minuten wechseln. In einem Sieb abtropfen lassen und zusammen mit Zucker und Zimt in einen Topf mit etwas Wasser geben. 10 Minuten auf kleiner Flamme kochen, dabei vorsichtig mit einem Holzlöffel umrühren. Kalt servieren.

FLAN DE CHOCOLATE

Ingredientes:

50 gramos de chocolate

0,2 litro de leche de vaca

½ cucharadita de vainilla

8 cucharadas de azúcar parda

2 huevos

2 cucharadas de harina de trigo

Instrucciones:

Diluya el chocolate en la leche caliente. Bata los huevos con azúcar parda, harina y vainilla. Agréguelo lentamente sin dejar de remover, hasta formar una pasta. Vierta la mezcla del pudín en el molde. Tápelo con un papel impermeable o de aluminio, sujetándolo bien con la presilla del molde. Póngalo a cocinar en baño de María. Tape la olla y cocínelo durante 40 minutos. Sírvalo frío. Advertencia: Tenga el cuidado de que en el transcurso de la cocción no se le gaste el agua.

SCHOKOLADENPUDDING

Zutaten:

50 Gramm Schokolade

0,2 Liter Milch

½ Teelöffel Vanille

8 Esslöffel brauner Zucker

2 Eier

2 Esslöffel Mehl

Zuereitung:

Schokolade in heißer Milch auflösen. Eier mit braunem Zucker, Mehl und Vanille verquirlen, dann langsam in die Milch einrühren, bis sich eine Teigmasse bildet. Diese in eine Backform geben, mit Ölpapier oder Aluminiumfolie abdecken und diese gut festbinden. Form in einem zugedeckten Topf im Wasserbad erhitzen, nach 40 Minuten Kochzeit aus dem Wasser nehmen und die Abdeckung entfernen. Den Pudding auf einen tiefen Teller stürzen und kalt servieren.

PUDIN DE LIMON

Ingredientes:

1 cucharadita de corteza de limón rallada

¼ cucharadita de sal

2 cucharadas de mantequilla

0,25 litro de leche de vaca

4 yemas de huevo

4 cucharadas de harina de trigo

¼ cucharadita de levadura

2 cucharaditas de zumo de limón

50 gramos de azúcar

Instrucciones:
Bata bien las yemas con el zumo de limón y la corteza rallada. Agregue el azúcar y la harina. Vierta la leche bien caliente lentamente, mientras bate la mezcla hasta formar una pasta. Añada la levadura. Prepare caramelo cocinando 5 cucharadas de azúcar en un molde de pudín a fuego lento, agítandolo para embadurnar las paredes. Quítelo del calor, déjelo enfriar y échele la mezcla. Tape con un papel impermeable o de aluminio, sujetándolo con la presilla del molde.
Ponga este molde a cocinar en baño de María. Tape la olla. Cocínelo durante 40 minutos. Sáquelo del agua y destape el molde. Colóquele encima un plato hondo y voltéelo de forma tal que el plato quede debajo. Póngalo sobre la mesa y quítele el molde. Sírvalo frío.
Advertencia: Tenga cuidado de que durante la cocción no se le gaste el agua.

ZITRONENPUDDING

Zutaten:

1 Teelöffel abgeriebene Zitronenschale

¼ Teelöffel Salz

0,25 Liter Milch

2 Esslöffel Butter

4 Esslöffel Mehl

4 Eidotter

2 Teelöffel Zitronensaft

¼ Teelöffel Hefe

50 Gramm Zucker

Zubereitung:
Eidotter mit Zitronensaft und Zitronenschale gut verquirlen; Zucker und Mehl zugeben. Heiße Milch langsam zu gießen und umrühren, bis sich eine Teigmasse bildet. Hefe hinzu fügen. In einer Puddingform weitere 5 Esslöffel Zucker auf kleiner Flamme karamelisieren. Wenn der Zucker braun wird, die Form schwenken, damit sich der Karamelsirup gut verteilt. Vom Feuer nehmen, erkalten lassen und den Puddingteig einfüllen. Mit Ölpapier oder Aluminiumfolie abdecken und diese gut festbinden.
Form in einem zugedeckten Topf im Wasserbad erhitzen, nach 40 Minuten Kochzeit aus dem Wasser nehmen und die Abdeckung entfernen. Den Pudding auf einen tiefen Teller stürzen und kalt servieren.
Achtung! Während der Garzeit darauf achten, dass das Wasser nicht verkocht!

BONIATILLO

Ingredientes:

500 gramos de boniato

100 gramos de azúcar

50 mililitros de agua

1 cucharadita de corteza de limón rallado

½ cucharadita de vainilla

Una pizca de canela

Instrucciones:

Pele el boniato y córtelo en trozos. Póngalos a hervir con el azúcar, la vainilla, una pizca de canela y la corteza de limón. Disuélvalo en los 50 mililitros de agua y haga un puré pasándolos por una coladera. Sírvalo frío. Se puede adornar con canela en polvo o maní tostado.

SÜßKARTOFFELKOMPOTT

Zutaten:

500 Gramm Süßkartoffeln

100 Gramm Zucker

50 Milliliter Wasser

1 Teelöffel abgeriebene

½ Teelöffel Vanille

Zitronenschale, 1 Prise Zimt

Zubereitung:

Süßkartoffeln schälen und in Stücke schneiden. In einem Liter Wasser mit den übrigen Zutaten 20 Minuten kochen. Herausnehmen und durch ein Püriersieb passieren. Kalt auf Kuchentellern servieren. Kann mit Zimtpulver oder gerösteten Erdnüssen als Garnierung verfeinert werden.

HARINA DE MAIZ EN DULCE

Ingredientes:

100 gramos de harina de maíz

0,4 litro de agua

4 granos de anís

¼ cucharadita de corteza de limón rallado

4 cucharadas de maní tostado picadito

2 cucharaditas de almendra picadita

1 lasca de canela

50 gramos de leche condensada

Instrucciones:

Ponga el agua a hervir durante 5 minutos. Agregue poco a poco la harina, removiéndola constantemente, y luego los demás ingredientes menos la leche condensada. Bájele el fuego al mínimo y cocínela durante 10 minutos. Remuévala de vez en cuando. Añada la leche condensada y cocine 5 minutos. Baje la olla del fogón y póngala a enfriar en baño de María. Sírvalo frío, espolvoreado con canela.

SÜßSPEISE AUS MAISMEHL

Zutaten:

100 Gramm Maismehl

0,4 Liter Wasser

4 Körner Sternanis

¼ Teelöffel abgeriebene

4 Esslöffel geröstete und Zitronenschale zerkleinerte Erdnüsse

2 Teelöffel zerkleinerte Mandeln

1 Stange Zimt

50 Gramm Kondensmilch

Zubereitung:

Wasser 5 Minuten lang kochen lassen. Nach und nach das Mehl hineingeben, dabei ständig umrühren. Dann die übrigen Zutaten außer der Kondensmilch zugeben. Auf kleinster Flamme 10 Minuten kochen. Umrühren, Kondensmilch hinzufügen und weitere 5 Minuten kochen. Topf vom Feuer nehmen und zum abkühlen in ein Wasserbad stellen. Kalt servieren und etwas Zimtpulver darüber streuen.

DULCE DE MANGO

Ingredientes:

200 gramos de masa de mango pintones cortados en lascas

100 gramos de azúcar

Instrucciones:
Ponga a cocinar el mango con el azúcar en una olla, a fuego lento, removiéndolo constantemente con una cuchara de madera hasta que espese el almíbar. Bájelo del fuego y déjelo enfriar. Sirva las lonjas de mango bañadas en almíbar, canela en polvo y una hojita de menta.

DULCE DE TOMATE

Ingredientes:

12 tomates de cocina maduros

100 gramos de azúcar

Una pizca de canela

Un litro de agua

Instrucciones:
Ponga a hervir los tomates en una olla durante 10 minutos. Bájelos y póngalos en un recipiente con agua fría, cuidando de que no se vayan a abrir. Quíteles las cortezas y extraiga las semillas. Divida los tomates a la mitad y póngalos a cocinar en una olla junto con el azúcar y la canela, a fuego lento durante otros 10 minutos. Sírvase frío.

MANGOKOMPOTT

Zutaten:

200 Gramm Mangofruchtfleisch, in Scheiben geschnitten

100 Gramm Zucker

Zubereitung:
Mango mit Zucker in einem Topf auf kleiner Flamme kochen. Mit einem Holzlöffel ständig umrühren, bis sich Sirup bildet. Vom Feuer nehmen und abkühlen lassen. Mangoscheiben auf Kuchentellern servieren. Sirup, Zimtpulver und ein Minzeblatt darauf garnieren.

TOMATENSÜßSPEISE

Zutaten:

12 reife Strauchtomaten

100 Gramm Zucker

1 Prise Zimt

1 Liter Wasser

Zubereitung:
Tomaten in einem Topf 10 Minuten lang kochen. Vom Herd nehmen und in einem Gefäß mit kaltem Wasser vorsichtig so abschrecken, dass sie nicht aufplatzen. Abschälen, halbieren und die Samen entfernen. Mit dem Zucker und dem Zimt in einen Topf geben, zum Kochen bringen und 10 Minuten auf kleinem Feuer köcheln lassen, Kalt servieren.

CASCOS DE GUAYABA

Ingredientes:

4 guayabas pintonas

100 gramos de azúcar parda

Instrucciones:
Pele las guayabas y divídalas en 4 partes. Quítele las semillas y tírelas. Ponga a hervir las guayabas en un litro de agua durante 15 minutos. Sáquelas de la olla y póngalas en una sartén con el azúcar. Cocínelas removiéndolas con la cuchara de madera hasta que haga una pulpa bien espesa. Bájelos del fogón y sírvalos frío.

GUAVENKOMPOTT

Zutaten:

4 Guavenfrüchte

100 Gramm brauner Zucker

Zubereitung:
Guaven schälen und in 4 Teile schneiden. Samen entfernen. Guavenschalen in einem Liter Wasser 15 Minuten kochen. Aus dem Topf nehmen und mit dem Zucker in eine Pfanne geben. Unter Rühren mit einem Holzlöffel einkochen, bis das Fruchtfleisch eindickt. Vom Feuer nehmen und kalt servieren.

QUESILLO ACARAMELADO

Ingredientes:

5 huevos

0,25 litro de leche evaporada

100 mililitros de agua

100 gramos de azúcar

½ cucharadita de ron Havana Club

½ cucharadita de extracto de vainilla

200 gramos de leche condensada

Instrucciones:

Mezcle todos los ingredientes y bátalos bien. Prepare un caramelo cocinando en un molde 5 cucharadas de azúcar, a fuego lento. Cuando tenga el punto de caramelo, mueva el molde para embadurnar sus paredes con el almíbar. Viértale la mezcla. Tápelo con un papel impermeable o de aluminio sujetándolo con la presilla del molde. Ponga el molde en baño de María. Tape la olla. Cocínelo durante 40 minutos. Sáquelo del agua, destape el molde, colóquele encima un plato hondo y voltéelo de forma tal que el plato quede debajo. Póngalo sobre la mesa y quítele el molde. Sírvase frío.

Advertencia: Tenga cuidado de que durante la cocción no se le gaste el agua.

KARAMELMILCHAUFLAUF

Zutaten:

5 Eier

0,25 Liter Kaffeesahne

100 Milliliter Wasser

100 Gramm Zucker

½ Teelöffel Rum Havana Club

½ Teelöffel Vanillenextrakt

200 Gramm Kondensmilch

Zubereitung:

Alle Zutaten (außer 5 Esslöffeln Zucker) vermischen und gut mixen. In einer Puddingform die 5 Esslöffel Zucker auf kleiner Flamme karamelisieren. Wenn der Zucker braun wird, die Form schwenken, damit sich der Karamelsirup gut verteilt. Vom Feuer nehmen, erkalten lassen und den Teig einfüllen. Mit Ölpapier oder Aluminiumfolie abdecken und diese gut festbinden.

Form in einem zugedeckten Topf im Wasserbad erhitzen, nach 40 Minuten Kochzeit aus dem Wasser nehmen und die Abdeckung entfernen. Den Pudding auf einen tiefen Teller stürzen und kalt servieren.

Achtung! Während der Garzeit darauf achten, dass das Wasser nicht verkocht!

CUCURUCHOS

Ingredientes:
200 gramos de coco rayado
100 gramos de piña rallada
100 gramos de azúcar prieta
2 cucharaditas de ron Havana Club
una hoja de plátano

Instrucciones:
Ponga a cocinar a fuego lento todos los ingredientes -menos la hoja de plátano- durante 30 minutos, removiendo la mezcla de vez en cuando con una cuchara de madera. Bájelo del fuego y viértalo en una fuente.
Bátalo constantemente hasta que refresque. Divida la hoja de plátano en cuatro partes, de 20 centímetros cada una. Haga un cono con cada sección y rellénelo con el dulce. Tápelo y amárrelo con las tiras restantes de la hoja de plátano. Colóquelo en un recipiente, cuidando que el cucurucho quede parado. Guárdelo en el refrigerador y a los 20 minutos tenga usted buen provecho.

SÜßE TÜTCHEN

Zutaten:
200 Gramm Kokosraspel
100 Gramm geraspelte Ananas
100 Gramm brauner Zucker
2 Teelöffel Rum Havana Club
ein Bananenblatt

Zubereitung:
Alle Zutaten außer dem Bananenblatt in einem Topf bei geringer Hitze 30 Minuten köcheln lassen, dabei die Mischung von Zeit zu Zeit mit einem Holzlöffel umrühren. Vom Herd nehmen und in eine Schüssel geben. Ständig weiter aufschlagen, bis die Masse erkaltet. Aus dem Bananenblatt vier Teile von je 20 Zentimeter Länge zuschneiden. Aus jedem Teil eine Tüte drehen und mit der Süßspeise füllen. Oben verschließen und mit den restlichen Fasern des Bananenblattes zubinden. Alle Tüten aufrecht in einem Gefäß für 20 Minuten in den Kühlschrank stellen. Danach guten Appetit!

(Los números entre paréntesis indican las páginas de las respectivas recetas. // Die Zahlen in Klammern geben die Seite an, auf der das jeweilige Rezept zu finden ist.)

BANQUETE CRIOLLO PARA FIN DE AÑO

(para 50 personas.)

- *1 cerdo asado de 25 kilogramos con salsa mojito (152/58)*
- *2,5 kilogramos de yuca hervida con salsa mojito (96/58)*
- *2,5 kilogramos de yuca frita con salsa de limón (33/51)*
- *50 bolas de fufú de plátano con salsa de cebolla (26/55)*
- *50 empanadillas de carne con salsa picante de queso (38/56)*
- *50 croquetas de queso con salsa de tomate (40/50)*
- *50 papas rellenas con salsa de vino blanco (22/50)*
- *13 tamales con salsa picante (28/57)*
- *100 chicharrones con salsa mojito (24/58)*
- *50 ancas de rana fritas con salsa de cereza (47/52)*
- *50 frituras de maíz con salsa de coco (34/53)*
- *25 porciones de moros y cristianos (79)*
- *25 tortas de casabe (49)*
- *Ensalada fría de pollo (32)*
- *Ensalada de 20 tomates y 5 cebollas medianas*
- *Ensalada de 5 cabezas de lechuga*
- *Ensalada de 5 aguacates grandes*
- *Un pudín tropical (188)*
- *Un pudín de coco (184)*
- *Una fuente de cascos de guayaba (196)*
- *0 cajas de cerveza*
- *3 cajas de ron Havana Club 3 años*
- *1 caja de ron Havana Club 7 años*
- *2 cajas de champán*

Instrucciones:
Decore una mesa de 8 metros de largo con manteles blancos, con pétalos de rosas rojas y flores de Mar Pacífico. Coloque el cerdo asado en el centro de la mesa. Acompañe este banquete con los cocteles tradicionales: Mojito, Piña Colada, Daiquirí y Cuba Libre, más la cerveza y el ron Havana Club. ¡Y no olvide invitar un grupo de música tradicional cubana, para bailar hasta el amanecer! ¡Feliz año nuevo!

KREOLISCHES BANKETT ZUM JAHRESENDE

(für 50 Personen)

	Ein gegrilltes Schwein von 25 Kilo mit Mojito-Soße – (153/58)
2,5	*Kilo gekochter Maniok mit Mojito-Soße – (96/58)*
2,5	*Kilo gebratener Maniok mit Zitronensoße – (33/51)*
50	*Bananenfufu- Kugeln mit Zwiebelsoße – (26/55)*
50	*Kleine Teigtaschen mit scharfer Käsesoße – (38/56)*
50	*Käsekroketten mit Tomatensoße – (40/50)*
50	*gefüllte Kartoffeln mit Weißweinsoße – (23/50)*
13	*Maispasteten mit scharfer Soße – (29/57)*
100	*Bauchspeckgrieben mit Mojito-Soße – (24/58)*
50	*frittierte Froschschenkel mit Kirschsoße – (47/52)*
50	*gebratene Maisküchlein mit Kokossoße – (34/53)*
25	*Portionen Reis mit schwarzen Bohnen – (79)*
25	*Kassabe-Fladen – (49)*
	kalter Hühnersalat – (32)
	Salat von 20 Tomaten und 5 mittleren Zwiebeln
	Salat von 5 Salatköpfen
	Salat von 5 großen Avocados
	Ein tropischer Pudding – (188)
	Ein Kokoskaramelpudding – (184)
	Eine Schüssel mit Guavenkompott – (196)
10	*Kisten GUAMA-Bier*
3	*Kisten Rum Havanna Club, 3 Jahre*
1	*Kiste Rum Havanna Club, 7 Jahre*
2	*Kisten Sekt*

Hinweise zur Gestaltung:
Einen 8 Meter langen Tisch weiß eindecken, mit roten Rosenblättern und Hibiskusblüten schmücken. Alle Speisen auf den Tisch stellen, wobei das gegrillte Schwein im Zentrum steht. Das Bankett wird von traditionellen Cocktails begleitet: Mojito, Pina Colada, Daiquiri und Cuba Libre; dazu kommt das helle Bier GUAMA oder Cristal und Rum Havanna Club. Und vergessen Sie nicht, eine Band mit traditioneller kubanischer Musik einzuladen, um bis zum Morgengrauen zu tanzen! Glückliches neues Jahr!

MENÚ 1

1. *Coctel de langosta (16)*
2. *Sopa de pescado y mariscos (66)*
3. *Trucha a la rosa, arroz blanco y boniato hervido (170/77/98)*
4. *Ensalada de tomate con cebolla*
5. *Flan de coco (185)*

Sírvase con una copa de vino blanco Cierre con un café.

MENÚ 2

1. *Cuatro tostones y salsa picante (25/57)*
2. *Sopa de cebolla (65)*
3. *Croquetas de pollo, berenjena en cazuela, yuca hervida y salsa de queso picante (30/104/96/56)*
4. *Papaya en almíbar (189)*

Sírvase con una copa de vino tinto
Cierre con un café CUBITA.

MENÚ 3

1. *Coctel de ostiones (20)*
2. *Dos frituras de bacalao (35)*
3. *Robalo en salsa verde, arroz vegetariano y calabaza hervida (173/92/103)*
4. *Ensalada de ají (105)*
5. *Dulce de mango (195)*

Sírvase con una copa de vino blanco.
Cierre con un café CUBITA.

MENÚ 4

1. *Potaje de judías (73)*
2. *Berenjena rellena y arroz amarillo (107/90)*
3. *Ensalada de lechuga*
4. *Dulce de Tomate (195)*

Sírvase con una cerveza GUAMA.

MENÜ 1

1. *Hummercocktail (16)*
2. *Fischsuppe mit Meeresfrüchten (66)*
3. *Forelle auf Rosen, weißer Reis und gekochte Süßkartoffel (170/77/98)*
4. *Tomatensalat mit Zwiebeln*
5. *Kokosauflauf (185)*

Dazu ein Glas Weißwein, zum Abschluß einen Espresso.

MENÜ 2

1. *Vier Scheiben Kochbanane (25/57)*
2. *Zwiebelsuppe (65)*
3. *Hühnerkroketten, Aubergine im Schmortopf, gekochter Maniok und scharfe Käsesoße (50/225/96/56)*
4. *Papaya in Sirup (189)*

Dazu ein Glas Rotwein, zum Abschluß einen Espresso mit CUBITA-Kaffee.

MENÜ3

1. *Austerncocktail (20)*
2. *Zwei Kabeljaukroketten (35)*
3. *Rotbarsch in grüner Soße, vegetarischer Reis und gekochter Kürbis mit Mojito-Soße (173/92/103)*
4. *Paprikasalat (105)*
5 *Mangokompott (195)*

Dazu ein Glas Weißwein, einen Espresso.

MENÜ 4

1. *Weiße-Bohnen-Eintopf (73)*
2. *Gefüllte Aubergine und gelber Reis (231/192)*
3. *Kopf- oder Blattsalat*
4. *Tomatensüßspeise (195)*

Dazu ein Bier der Marke GUAMA.

MENÚ 5

1. *Un crudo de pescado y mariscos (19)*
2. *Dos frituras de maíz (34)*
3. *Dorado a la plancha, arroz amarillo y habichuelas en salsa de tomate (171/90/101)*
4. *Pudín tropical (188)*

Sírvase con una copa de vino blanco.
Cierre con un café.

MENÚ 6

1. *Sopa de tomate (69)*
2. *Sierra frita, yuca, boniato, malanga y calabaza hervidas y salsa de coco (165/33/98/97/103/53)*
3. *Ensalada de aguacate*
4. *Pudín de limón (193)*

Sírvase con una copa de vino blanco.
Cierre con un café.

MENÚ 7

1. *Coctel de camarones (17)*
2. *Yuca frita (33)*
3. *Bacalao con papas, arroz blanco y boniato (167/77/98)*
4. *Ensalada mixta*
5. *Boniatillo (194)*

Sírvase con una cerveza. Cierre con un café.

MENÚ 8

1. *Sopa de pollo (67)*
2. *Codorniz en salsa de vino, arroz amarillo y malanga hervida (161/90/97)*
3. *Ensalada de remolacha roja*
4. *Flan de chocolate (192)*

Sírvase con una copa de vino tinto Cierre con un café.

MENÜ 5

1. *Fisch und Meeresfrüchte (19)*
2. *Zwei frittierte Maisküchlein (34)*
3. *Gegrilölte Goldbrasse, gelber Reis und grüne Bohnen in Tomatensoße (171/90/101)*
4. *Tropischer Pudding (188)*

Dazu ein Glas Weißwein, zum Abschluß einen Espresso mit CUBITA-Kaffee.

MENÜ 6

1. *Tomatensuppe (69)*
2. *Gebratener Sägefisch, Gekochter Maniok, Taro, Süßkartoffel und Kürbis mit Kokossoße (165/33/98/97/103/53)*
3. *Avocado-Salat*
4. *Zitronenpudding (193)*

Dazu ein Glas Weißwein, zum Abschluß einen Espresso mit CUBITA-Kaffee.

MENÜ 7

1. *Garnelencocktail (17)*
2. *Gebratene Yukka (33)*
3. *Stockfisch mit Kartoffeln, weißer Reis und Süßkartoffeln (167/77/98)*
4. *Gemischter Salat*
5. *Süßkartoffelkompott (194)*

Dazu ein Bier, zum Abschluß einen Espresso.

MENÜ 8

1. *Hühnersuppe (67)*
2. *Wachteln in Weinsoße, gelber Reis und gekochter Taro (161/90/97)*
3. *Rote-Beete-Salat*
4. *Schokoladenpudding (192)*

Dazu ein Glas Rotwein, zum Abschluß einen Espresso mit CUBITA-Kaffee.

CAPITOLIO

MENÚ 9

1. *Coctel de cangrejo (18)*
2. *Chicharritas y salsa picante (27/57)*
3. *Enchilado de langosta, arroz vegetariano, y yuca hervida (178/92/96)*
4. *Pudín de calabaza (190)*

Sírvase con una copa de vino blanco. Cierre con un café.

MENÚ 10

1. *Sopa de ajo (62)*
2. *Dos frituras de calabaza (41)*
3. *Langosta a la plancha, yuca frita y salsa tropical (179/33/59)*
4. *Ensalada de berro*
5. *Dulce de toronja (192)*

Sírvase con una copa de vino blanco. Cierre con un trago de ron Havana Club 7 años y un café.

MENÚ 11

1. *Cocido de garbanzos (63)*
2. *Gallina de Guinea en salsa, congrí y yuca frita (160/78/33)*
3. *Ensalada de pepino*
4. *Harina de maíz en dulce (194)*

Sírvase con una copa de vino tinto.
Cierre con un café.

MENÚ 12

1. *Potaje de judías (73)*
2. *Dos croquetas de pollo (30)*
3. *Tiburón frito, arroz blanco, boniato y salsa de cebolla (169/77/98/55)*
4. *Ensalada de pepino curtido*
5. *Cascos de guayaba con queso (196)*

Sírvase con una copa de vino tinto.
Cierre con un café.

MENÜ 9

1. *Krebsfleischcocktail (18)*
2. *Bananenchips und scharfe Soße (27/57)*
3. *Hummerfrikassee, vegetarischer Reis und gekochter Maniok (178/92/96)*
4. *Kürbispudding (190)*

Dazu ein Glas Weißwein, zum Abschluß einen Espresso mit CUBITA-Kaffee.

MENÜ 10

1. *Knoblauchsuppe (62)*
2. *Zwei frittierte Kürbisküchlein (41)*
3. *Gegrilltes Hummerfleisch, gebratene Yukka und tropische Soße (179/33/59)*
4. *Salat von Brunnenkresse*
5. *Pampelmusenkompott (192)*

Dazu ein Glas Weißwein, zum Abschluß einen Rum Havana Club 7 Jahre und einen Espresso.

MENÜ 11

1. *Kichererbseneintopf (63)*
2. *Guinea-Huhn in Soße, Reis mit roten Bohnen und gebratene Yukka (160/78/33)*
3. *Gurkensalat*
4. *Süßspeise mit Maismehl (194)*

Dazu ein Glas Rotwein, zum Abschluß Espresso.

MENÜ 12

1. *Weiße-Bohnen-Eintopf (73)*
2. *Zwei Hühnerkroketten (31)*
3. *Haifischsteaks, weißer Reis, Süßkartoffeln und Zwiebelsoße (169/77/98/55)*
4. *Gewürzgurken-Salat*
5. *Guavenkompott mit Käse (196)*

Dazu ein Glas Rotwein, zum Abschluß einen Espresso mit CUBITA-Kaffee.

MENÚ 13

1. *Caldo de gallina (64)*
2. *Pollo a la barbacoa, moros y cristianos con tostones (159/79/25)*
3. *Ensalada de aguacate*
4. *Pudín de limón (193)*

Sírvase con una copa de vino blanco.
Cierre con un café.

MENÜ 13

1. *Hühnerbrühe (64)*
2. *Huhn mit Grillsoße, Reis mit schwarzen Bohnen und Kochbananen (159/79/25)*
3. *Avocado-Salat*
4. *Zitronenpudding (193)*

Dazu ein Glas Weißwein, zum Abschluß einen Espresso mit CUBITA-Kaffee.

MENÚ 14

1. *Potaje de frijoles negros (71)*
2. *Ancas de rana fritas con salsa mojito, arroz blanco y tostones (47/58/77/25)*
3. *Ensalada de tomate y pepino*
4. *Cucuruchos (198)*

Sírvase con una copa de vino blanco.
Cierre con un café.

MENÜ 14

1. *Schwarze-Bohnen-Eintopf (71)*
2. *Frittierte Froschschenkel, weißer Reis und Kochbananen (47/58/77/25)*
3. *Tomaten-Gurken-Salat*
4. *Süße Tütchen (198)*

Dazu ein Glas Weißwein, zum Abschluß einen Espresso mit CUBITA-Kaffee.

MENÚ 15

1. *Sopa de cebolla (65)*
2. *Chuleta de cerdo en salsa de limón, arroz frito y ñame (137/51/94/102)*
3. *Ensalada de lechuga y rábano*
4. *Pudín de coco (184)*

Sírvase con una cerveza. Cierre con un café.

MENÜ 15

1. *Zwiebelsuppe (65)*
2. *Schweineschnitzel, gebratener Reis und Yamswurzel (137/51/94/102)*
3. *Grüner Salat mit Rettich*
4. *Kokoskaramelpudding (184)*

Dazu ein Bier, zum Abschluß einen Espresso.

MENÚ 16

1. *Potaje de frijoles colorados (74)*
2. *Cerdo asado, moros y cristianos, fufú de plátano, salsa mojito y salsa barbacoa (140/79/26/58/55)*
3. *Ensalada de lechuga*
4. *Cascos de guayaba con queso crema (196)*

Sírvase con una cerveza. Cierre con un café y un ron Havana Club

MENÜ 16

1. *Rote-Bohnen-Eintopf (74)*
2. *Schweinebraten, Reis mit schwarzen Bohnen, Bananen-Fufu, Mojito-Soße und Grillsoße (140/79/26/58/55)*
3. *Kopf- oder Blattsalat*
4. *Guavenkompott mit Frischkäse (196)*

Dazu ein Bier, einen Espresso und einen Rum Havana Club.

MENÚ 17

1. *Sopa de pollo (67)*
2. *Aporreado de tasajo, arroz con garbanzos, malanga hervida y salsa de ajo (130/95/97/54)*
3. *Ensalada de ají (105)*
4. *Pudín tropical (188)*

Sírvase con una copa de vino tinto .

Cierre con un café.

MENÜ 17

1. *Hühnersuppe (67)*
2. *Dörrfleisch, Reis mit Kichererbsen, gekochter Taro und Knoblauchsoße (130/95/97/54)*
3. *Paprikasalat (105)*
4. *Tropischer Pudding (188)*

Dazu ein Glas Rotwein, zum Abschluß einen Espresso mit CUBITA-Kaffee.

MENÚ 18

1. *Chicharrones, yuca frita y salsa mojito (24/33/58)*
2. *Bistec de cerdo en salsa, congrí y plátano hervido (150/78/100)*
3. *Ensalada de tomate con cebolla*
4. *Plátano borracho (187)*

Sírvase con una cerveza.

Cierre con un café y un ron Havana Club.

MENÜ 18

1. *Bananenchips, gebratene Yukka und Mojito-Soße (24/33/58)*
2. *Schweinesteak, Reis mit roten Bohnen und gekochte Banane (150/78/100)*
3. *Tomatensalat mit Zwiebeln*
4. *Betrunkene Bananen (187)*

Dazu ein Bier der Marke GUAMA, zum Abschluß einen Espresso und einen Rum Havana Club.

MENÚ 19

1. *Sopa de tomate (69)*
2. *Masas de cerdo fritas, tamal y salsa de cebolla (144/28/55)*
3. *Ensalada de aguacate*
4. *Quesillo acaramelado (197)*

Sírvase con una cerveza. Cierre con un café.

MENÜ 19

1. *Tomatensuppe (69)*
2. *Gebratene Schweinewürfel, Maispastete und Zwiebelsoße (144/29/55)*
3. *Avocado-Salat*
4. *Karamelmilchauflauf (197)*

Dazu ein Bier, zum Abschluß einen Espresso.

MENÚ 20

1. *Sopa de pescado y mariscos (66)*
2. *Chilindrón de chivo, arroz con quimbombó, yuca hervida y salsa mojito (139/80/96/58)*
3. *Ensalada de lechuga*
4. *Arroz con leche (187)*

Sírvase con una cerveza. Cierre con un café.

MENÜ 20

1. *Fischsuppe mit Meeresfrüchten (66)*
2. *Ziegenfleischragout, Reis mit Okra, gekochter Maniok mit Mojito-Soße (139/80/96/58)*
3. *Kopf- oder Blattsalat*
4. *Milchreis (187)*

Dazu ein Bier, zum Abschluß einen Espresso.

MENÚ 21

1. *Caldo de res*
2. *Bistec de res criollo y arroz vegetariano (132/92)*
3. *Ensalada de remolacha roja*
4. *Pudín de calabaza (190)*

Sírvase con una cerveza. Cierre con un café.

MENÜ 21

1. *Rinderbrühe*
2. *Rindersteak auf kreolische Art und vegetarischer Reis (132/92)*
3. *Rote-Beete-Salat*
4. *Kürbispudding (190)*

Dazu ein Bier, zum Abschluß einen Espresso.

MENÚ 22

1. *Sopón de arroz (68)*
2. *Bistec de vuelta y vuelta, papa con queso y salsa de limón (133/109/95)*
3. *Ensalada de repollo*
4. *Papaya en almíbar (189)*

Sírvase con una copa de vino tinto.
Cierre con un café.

MENÜ 22

1. *Reiseintopf (68)*
2. *Zweifach gewendetes Steak, Kartoffeln mit Käse und Zitronensoße (287/235/95)*
3. *Weißkrautsalat*
4. *Papaya in Sirup (189)*

Dazu ein Glas Rotwein, zum Abschluß einen Espresso mit CUBITA-Kaffee.

MENÚ 23

1. *Ajiaco (60)*
2. *Pato al mandarín, arroz frito, fufú de plátano y salsa de tamarindo (163/94/26/57)*
3. *Ensalada de berro*
4. *Plátano borracho (187)*

Sírvase con una cerveza. Cierre con un té de jengibre.

MENÜ 23

1. *Kreolischer Fleischtopf (61)*
2. *Chinesische Ente, gebratener Reis, Bananen-Fufu und Tamarindensoße (163/94/26/57)*
3. *Salat von Brunnenkresse*
4. *Betrunkene Bananen (187)*

Dazu ein Bier der Marke GUAMA, zum Abschluß einen Ingwertee.

MENÚ 24

1. *Dos papas rellenas con salsa de queso picante (22/56)*
2. *Conejo frito, salsa de mostaza y eneldo, espinaca, papa y zanahoria con queso (148/58/106/109/110)*
3. *Ensalada mixta*
4. *Flan de Chocolate (192)*

Sírvase con una copa de vino tinto.
Cierre con un café y un Ron Havana Club

MENÜ 24

1. *Zwei gefüllte Kartoffeln mit scharfer Käsesoße (23/56)*
2. *Kaninchenbraten mit Senf-Dill-Soße, Spinat, Kartoffeln, Mohren mit Käse (148/58/106/109/110)*
3. *Gemischter Salat*
4. *Schokoladenpudding (192)*

Dazu ein Glas Rotwein, zum Abschluß einen Espresso und einem Rum Havana Club, 7 Jahre.

MENÚ 25

1. *Empanadillas con salsa picante (38/57)*
2. *Cocodrilo guisado, arroz con chorizo y tostones (48/82/25)*
3. *Ensalada de aguacate y tomates con cebolla*
4. *Churros con crema de coco (44/189)*

Sírvase con una cerveza. Cierre con un café.

MENÜ 25

1. *Kleine Teigtaschen mit scharfer Soße (39/57)*
2. *Krokodilfilet, Reis mit Paprikawurst und frittierte Bananen (48/82/25)*
3. *Avocado-Tomaten-Salat mit Zwiebeln*
4. *Fettgebäckkringel mit Kokoscreme (44/189)*

Dazu ein Bier der Marke GUAMA, zum Abschluß einen Espresso mit CUBITA-Kaffee

MENÚ 26

1. *Frituras de malanga con salsa de ajo (42/54)*
2. *Dorado a la criolla, arroz a la marinera y calabaza hervida con salsa mojito (172/87/103/58)*
3. *Ensalada de pepino*
4. *Quesillo acaramelado (197)*

Sírvase con una copa de vino blanco. Cierre con un café y un trago de ron.

MENÜ 26

1. *Frittierte Taroküchlein mit Knoblauchsoße (70/105)*
2. *Goldbrasse auf kreolische Art, Reis nach Seemannsart und gekochter Kürbis mit Mojito-Soße (172/87/103/58)*
3. *Gemischter salat*
4. *Karamelmilchanflauf (197)*

Dazu ein Glas Weißwein, zum Abschluß einen Espresso und einen Schluck Rum!

Índice – Inhalt

Entradas y exquisiteces 16
Vorspeisen 16

Salsas – Soßen 50

Recetas de sopas y potajes – Suppen und Eintöpfe................ 60

Recetas con arroz – Reisgerichte.............................. 76

Viandas y vegetales – Knollen und Gemüse................96

Pastas – Nudelgerichte.......... 112

Recetas con carnes – Fleischgerichte 118

Recetas con aves – Geflügelgerichte 154

Pescados y mariscos – Fischgerichte 164

eebok

Evelio Guevara Pérez

Gastrónomo, escritor, actor, gestor cultural y viajero incansable, Evelio Guevara Pérez disfruta de la aventura culinaria y confiesa que aún le maravilla cómo la comida cubana constituye una entrañable fuente de amistad y fortaleza física.
Nacido en 1963, en la muy cubana ciudad de Bayamo, Evelio mostró desde temprana edad una innata vocación cultural que desarrolló declamando y actuando en escenarios teatrales y en la locución radial.
Actualmente vive en Berlín, se destaca por su activa divulgación del arte culinario cubano y es conocido por su gestión cultural, dirigida a promover eventos artísticos.
Miembro activo de la cofradía gastronómica de Cuba en Europa y extraordinario conocedor de su cocina tradicional, Evelio disfruta la satisfacción de sus comensales tras degustar en la intimidad hogareña los guisos, horneados y Cocteles habituales en la mesa cubana.
Propagandista espontáneo del sabor cubano, Evelio popularizó en Berlín y despúes en toda Alemania los mas tipicos cocteles Cubanos y pricipalmente el emblemático mojito, trago que el escritor estadounidense Ernest Hemingway prefería beber en la habanera Bodeguita del Medio, convertido en un mito gracias a su iniciativa.
Con su pasión y amor por la cocina, Evelio nos entrega ahora su libro de recetas “Cocina Cubana”, donde explica cómo preparar los mejores platos de su tierra natal, con sus más típicos acompañamientos: desde una entrada, los caldos y un plato fuerte hasta un postre. Todo un conjunto de gran poder nutritivo y contagiosa alegría.
Este libro, producto de sus años de experiencia y dedicación culinaria, será sin dudas apreciado tanto por entendidos como por iniciados en el culto religioso de la cocina cubana.

Dr. Jorge Aravena Llanca (escritor chileno, Berlin)